La Vanille: Sa Culture Et Sa Préparation

A Delteil

NOTE DE L'ÉDITEUR

La brochure sur la vanille, de M. Delteil, que nous réimprimons aujourd'hui, a déjà paru une première fois à la Réunion en 1872. Elle a été rapidement épuisée et n'a pas franchi, à cette époque, les limites de la Colonie et de l'île Maurice. En 1874, sous le patronage du Comité d'exposition permanente coloniale, une seconde édition imprimée par nos soins se répandit dans toute les colonies françaises et étrangères qui voulurent se livrer à la culture et à la préparation de la vanille.

Cette seconde édition est aujourd'hui épuisée, et l'étude de M. Delteil nous est de plus en plus demandée.

Le besoin se fait de nouveau sentir d'une troisième édition, grâce à l'extension que la culture de la vanille a prise dans tous les pays intertropicaux. M. Delteil a entièrement refondu son travail primitif. — L'expérience qu'un séjour de quinze années dans nos principales colonies lui a donnée a été mise à profit par lui. La partie consacrée à la *taille*, aux *engrais*, à la *maladie* de l'odorante orchidée est traitée avec plus de détails que dans les éditions précédentes.

M. Delteil met en ce moment la dernière main à un ouvrage qui se recommandera aux habitants de nos colonies par son utilité éminemment pratique. Il renfermera les *éléments d'agronomie* à l'usage des contrées intertropicales et comprendra, sur le même plan que l'ouvrage consacré à la vanille, l'étude des principales plantes cultivées dans les pays chauds, telles que : la *canne à sucre*, le *café*, le *cacao*, le *tabac*, les plantes *oléagineuses*, *tinctoriales*, *textiles*, *alimentaires*, etc...

Les fonctions de Directeur de la station agronomique de l'île de la Réunion, que M. Delteil a occupées pendant cinq ans, le mettent à même de traiter ces questions avec compétence et en pleine connaissance de cause.

BIBLIOTHÈQUE ALGÉRIENNE ET COLONIALE

LA VANILLE

SA CULTURE ET SA PRÉPARATION

PAR

A. DELTEIL,

PHARMACIEN PRINCIPAL DE LA MARINE EN RETRAITE,
CHEVALIER DE LA LÉGION D'HONNEUR,
EX-DIRECTEUR DE LA STATION AGRONOMIQUE DE L'ÎLE DE LA RÉUNION

PARIS
CHALLAMEL AÎNÉ, ÉDITEUR
LIBRAIRIE ALGÉRIENNE ET COLONIALE
2, RUE JACOB, ET RUE FURSTENBERG, 5
1884

LA VANILLE, SA CULTURE & SA PREPARATION

Pendant les quatorze années que nous avons passées à la Guyane, à la Réunion et en Cochinchine, nos recherches se sont presqu'exclusivement dirigées vers l'étude des plantes coloniales. Parmi elles, la vanille a toujours eu nos prédilections. C'est le résumé des notes et des travaux, dont quelques-uns ont été déjà publiés sur cette plante, et, pouvons-nous aussi ajouter, de nos expériences personnelles que nous présentons au public.

Notre travail a été divisé en cinq chapitres qui embrassent l'étude complète de la vanille :

Le premier est consacré à la *partie historique et botanique*.

Le second, à la *culture*.

Le troisième, à la *préparation des gousses*.

Le quatrième, à la *partie chimique*.

Le cinquième, à la *maladie* de la vanille, aux *falsifications*, aux *propriétés* et aux *usages* de ce fruit.

LA VANILLE A LA RÉUNION

CHAPITRE I

Description botanique de la vanille. — Historique de son introduction à la Réunion. — Découverte de la fécondation artificielle et des procédés de préparation actuellement employés dans la colonie.

1° DESCRIPTION BOTANIQUE

ÉTYMOLOGIE. — Le nom de vanille vient du mot espagnol *vainilla,* diminutif de *vaina,* qui signifie *gaine,* par allusion sans doute à la forme allongée de son fruit.

SYNONYMIE. — On l'appelle *banilla* en espagnol, et *tilxochilt* en mexicain.

FAMILLE, GENRE, ESPÈCES. — La vanille appartient à la famille des Orchidées et à la tribu des Aréthusées. Linné l'avait autrefois placée dans le genre *Epidendrum ;* mais le botaniste Swartz en a fait un genre spécial, le genre *Vanilla.*

Les espèces qui fournissent au commerce le produit si parfumé, connu sous le nom de vanille, proviennent de différentes contrées.

Au Mexique, se rencontrent principalement le *V. sativa, sylvestris, planifolia* et *pompona ;*

à la Guyane, le *V. guyanensis,* 3 variétés, dont l'une la plus petite donne des fruits courts et gros de $0^m,10$ de long et qu'on appelle, en raison de leur ressemblance avec la petite banane (bacove) *vanille bacove,* et la grosse et la moyenne espèces plus communes et plus répandues à fruits très longs ;

à Bahia, le *V. palmarum ;*

au Brésil et au Pérou, le *V. aromatica,* la moins aromatique de toutes les espèces.

Il existe actuellement, à la Réunion, un assez grand nombre d'espèces ou plutôt de variétés, provenant de la Guyane, du

Mexique, de Madagascar (cette dernière à tige grêle et presque sans feuilles).

Nous nous contenterons de décrire la plus répandue, celle qui nous vient du Mexique, par l'intermédiaire du Muséum de Paris, le *Vanilla planifolia*. C'est cette espèce qui produit au Mexique et à la Réunion les gousses répandues dans tous les centres commerciaux de l'Europe.

Plante sarmenteuse, couleur vert-glauque, pouvant atteindre jusqu'à cent mètres de longueur, quand elle n'est pas arrêtée dans son développement normal.

Racines, de deux sortes : souterraines et aériennes. Les premières s'étendent de 0^m,50 à 1 mètre de rayon, en tous sens, ne s'enfonçant presque point dans le sol, et rampant de préférence au milieu des détritus végétaux qui le couvrent, et dont elles se nourrissent. Elles sont blanches, grosses comme un tuyau de plume, terminées en pointe mousse à leur extrémité, et garnies, sur toute leur périphérie, de poils courts et hérissés. Les racines aériennes se développent à l'aisselle des feuilles, à côté des *crampons* ou suçoirs, avec lesquels on ne peut les confondre. Elles partent de différentes hauteurs, se suspendent dans l'espace, ou, plus habituellement, glissent le long de l'écorce des arbres sur lesquels la vanille est attachée, en s'y inscrutant elles-mêmes, et gagnent le sol, où elles s'irradient et s'épanouissent pour constituer à leur tour de vraies racines.

La *tige*, de la grosseur du pouce, est généralement simple ; elle devient rameuse et se subdivise en plusieurs autres tiges, quand on lui fait subir des amputations nécessitées par les besoins de la culture ; elle est noueuse, cylindrique, gorgée intérieurement d'un suc visqueux et corrosif, lequel, mis en contact avec l'épiderme, produit l'effet d'un vésicatoire. Ce suc, répandu dans toutes les parties de la plante, renferme une très grande quantité de *raphides* en aiguilles, ou affectant la forme et la cristallisation particulière de l'oxalate de chaux. C'est à ces aiguilles qu'est due la propriété vésicante du suc. La plante s'applique sur l'écorce des arbres, au moyen de vrilles aplaties de longueur différente, qui partent de chaque nœud. Ces suçoirs peuvent, jusqu'à un certain point, concourir à la nutrition de la plante et lui fournir l'humidité qui lui est nécessaire ; mais tout porte à croire que la vanille s'alimente exclusivement par le moyen des deux sortes de racines que nous venons de décrire.

Les *feuilles* sont alternes, entières, aplaties, ovales, oblongues, terminées en pointe. Elles sont garnies de nervures parallèles peu apparentes, et offrent une longueur de 15 à 20 centimètres, et une largeur de 6 à 8. Elles apparaissent à chaque nœud de la tige, en opposition avec les crampons, et sont munies d'un pétiole court et creusé en gouttière. Les feuilles de vanille provenant de sujets vigoureux ont une belle couleur verte, et font entendre un bruit sec quand on les plie de manière à les casser, ce qui n'existe pas chez les feuilles de vanilles malades.

Les *fleurs* sont sessiles ; elles naissent à l'aisselle des feuilles, et sont disposées en épis, portées sur un axe commun, gros et charnu, et accompagnées de bractées ; leur couleur est d'un blanc verdâtre, et on en compte généralement 20 par grappe.

Elles sont composées :

1° D'un périanthe pétaloïde, articulé avec l'ovaire, et à 6 divisions : 3 extérieures et 3 intérieures.

Les 3 externes sont constituées par des sépales égaux, oblongs, un peu étalés et ouverts ; les 3 autres, par des pétales un peu plus minces et plus délicats que les précédents, et portant à la face dorsale une nervure longitudinale très accusée. Le troisième pétale est en forme de cornet ou d'entonnoir, soudé presque entièrement avec la colonne qui supporte les organes de la génération et dilaté à son ouverture. A l'intérieur, on y voit un appendice composé de petites lamelles juxtaposées, ayant l'apparence d'une petite brosse. Cet organe doit jouer un certain rôle dans l'acte de la fécondation naturelle de la fleur, en recueillant le pollen que les insectes ailés vont butiner dans la corolle.

2° D'organes de fécondation portés sur une colonne allongée, qu'on désigne sous le nom de *Gynostème*.

L'organe mâle se trouve au sommet du gynostème, dans une petite capsule séparée de l'organe femelle par une membrane assez large qui fait partie du stigmate, et recouvre son orifice. Cette capsule renferme une étamine attachée par un filet mince et élastique ; elle est recourbée vers le bas. L'anthère a la forme cordée, et se compose de deux masses polliniques :

l'ouverture en est béante, mais cachée en dessous par la membrane séparatrice dont il a déjà été question.

L'organe femelle est constitué par l'*ovaire*, long de 3 à 4 centimètres, un peu infléchi et contourné, et par le *stigmate*. Ce stigmate est formé par 4 petites valves qui s'adaptent l'une avec l'autre. Deux de ces valves sont latérales, mais à peine saillantes ; la troisième, supérieure, très développée, dépasse l'organe mâle et le sépare complètement de l'organe femelle ; la quatrième est inférieure, plus petite que la précédente (la supérieure), qui s'applique sur elle et la cache. Enfin, l'intérieur du stigmate est canaliculé, et correspond avec l'ovaire au moyen de la colonne charnue qui le surmonte. Son sommet est couvert d'une matière visqueuse destinée à retenir le pollen, pour l'accomplissement de l'acte de la fécondation.

Le *fruit* est une capsule charnue, verte avant son entière maturité, longue de 15 à 25 centimètres ; l'extrémité qui s'attache à la tige a la forme d'une petite crosse. En mûrissant, la gousse passe du vert au jaune, puis au brun chocolat; elle se dessèche en partie et s'ouvre ensuite en deux valves dont l'une plus large que l'autre porte une saillie qui rend ce fruit comme triangulaire et l'a fait passer longtemps pour être à trois valves. A l'état de maturité complète, le fruit dégage une odeur des plus suaves qui se perçoit à de grandes distances. Il peut rester ainsi plusieurs mois sur la tige sans s'en détacher.

Les *graines* sont en quantité innombrable, petites, noires, à testa dur et chagriné ; elles sont entourées d'une huile grasse colorée en jaune et peu odorante.

Les graines provenant de nos vanilles cultivées sont généralement considérées comme stériles. Aublet, l'auteur de la flore de la Guyane, affirme avoir vu pousser des graines de vanille semées au bord des criques d'eau salée, à Cayenne. Le commandant Philibert parle également de semis de graines dans ses instructions sur la culture de la vanille, publiées en 1819 dans les journaux de la Réunion. Plusieurs tentatives ont été faites, à maintes reprises, dans la colonie pour faire germer les graines du vanillier. On nous a affirmé qu'après avoir attendu de six mois à un an, les semences, dégraissées au préalable par une faible solution de potasse et placées dans une terre composée d'humus, de sable et de scolopendre, avaient levé et donné de petites vanilles filiformes qui n'ont jamais pu arriver à l'état. adulte. Nous n'avons jamais été témoin du fait, et nous pensons qu'il sera toujours très difficile d'obtenir des vanilles de semis. C'est toujours à l'aide de boutures portant des œilletons bien accusés que se fait la reproduction des vanilles. Il faut à peine 7 à 8 jours pour obtenir la sortie du bourgeon foliacé, quand la bouture est placée dans des conditions favorables de chaleur et d'humidité.

Pour transporter au loin des boutures de vanillïer on prend des tiges de 4 à 5 mètres de longueur qu'on roule sur elles-mêmes en forme d'anneau circulaire et qu'on couche à plat sur le sol des caisses préparées pour les recevoir et dans lesquelles on. a eu soin de mettre de la terre mélangée de bon terreau. On recouvre les caisses d'une toile métallique serrée et on arrose les boutures modérément de façon à empêcher le tissu organique des lianes de se dessécher. Une abondance d'humidité les ferait pourrir.

2° INTRODUCTION DE LA VANILLE A LA RÉUNION

La vanille est originaire de l'Amérique méridionale. Elle croît spontanément au Mexique, dans la baie de Campêche, le Yucatan, le Honduras, les environs de Carthagène, l'isthme de Panama, la Guyane, les Antilles et le Pérou. On la rencontre également au Gabon, à Madagascar, à Manille et à Java, en Cochinchine, où elle a été introduite par M. Pierre, directeur du jardin d'acclimatation de cette colonie.

Elle a été importée en Europe, en 1793, par le jardinier Millier. A la Réunion, il y eut plusieurs importations de vanilles d'espèces différentes, qui eurent lieu à trois époques fort distinctes.

En 1819, le commandant Philibert, créole de la Réunion, apporta dans la colonie des boutures de la grosse vanille de Cayenne prises sur l'habitation la Gabrielle, ancien domaine donné au général La Fayette, à titre de récompense nationale. Cette vanille, produisant des gousses grosses et courtes, ne fut jamais l'objet d'une culture étendue, les fruits qu'on en obtenait à la Réunion étant peu nombreux et doués d'un faible parfum.

En 1820, M. Perrotet, jardinier botaniste voyageur, introduisit à Bourbon une autre espèce de vanille, dont il avait fait la découverte dans les forêts de San-Mattéo, à Manille. Cette vanille différait de la vanille de Cayenne par une tige moins grosse, des feuilles plus petites et plus minces, d'un vert moins foncé, enfin par un fruit plus grêle, plus strié et plus aromatique. Tout porte à croire que cette espèce périt au bout de quelques années.

Enfin, en 1822, M. Marchant, ordonnateur à la Réunion, profita d'un voyage qu'il fit en France pour se procurer, dans les serres du Muséum de Paris, des boutures de la vanille du Mexique qu'on y cultivait en serre chaude depuis le siècle dernier. Ce fut cette troisième importation qui réussit seule et qui devint l'origine des plantations actuelles. Nous nous sommes assuré depuis, en faisant venir directement du Mexique des specimens de la meilleure espèce de vanille fournissant au commerce le produit si connu et si estimé depuis de longues années, que notre espèce lui était identique et que nous possédions bien le *vanilla planifolia*.

Du reste, M. Bouchardat, qui a étudié à Paris la vanille provenant de la Réunion, exprime à cet égard une opinion qui ne laisse aucun doute relativement à son origine :

« La vanille de l'île Bourbon, dit-il, est certainement fournie
« par le même végétal qui donne la vanille du Mexique ; les
« gousses sont semblables pour les caractères essentiels.
« Elle n'en diffère qu'en ce qu'elle est généralement moins
« étoffée, moins longue de 1 à 2 centimètres, moins épaisse
« de 1 à 2 millimètres ; elle paraît moins souple et moins
« onctueuse. Ces différences, qui sont très légères, suffisent
« pour déprécier un peu la vanille de la Réunion au point de
« vue commercial. Mais pour l'usage réel, la vanille de Bour-
« bon ne le cède que très peu aux meilleures vanilles du
« Mexique. »

3e DÉCOUVERTE DE LA FÉCONDATION ARTIFICIELLE DE LA VANILLE

La fleur de la vanille, par la disposition particulière de ses organes mâle et femelle, séparés l'un de l'autre par une membrane qui met obstacle à leur rapprochement naturel, ne peut se féconder que par le secours des insectes ou par la main de l'homme. Les pieds de vanille sauvage que l'on rencontre dans les bois de l'Amérique centrale sont couverts de fruits assez abondants. A la Guyane et au Mexique ce sont de petites abeilles qui pratiquent cette fécondation, en allant recueillir sur la fleur le pollen et les matières sucrées devant servir à l'élaboration de leur miel. Ces insectes appartiennent au genre *mélipone* et constituent un grand nombre de variétés, de couleur variable, vert pâle, jaune rayé, châtain, brun, noire et même bleu. Leur taille est de 1 à 7 centimètres ; elles ne portent pas d'aiguillons et produisent d'excellent miel. Les oiseaux mouches voltigent également autour des fleurs du vanillier et introduisent leur bec au milieu des organes sexuels des fleurs, dont ils provoquent ainsi la fécondation.

Les vanilliers importés et naturalisés dans d'autres pays sont toujours stériles, sans doute parce que l'insecte préposé à la fécondation de la fleur n'existe pas dans ces contrées étrangères. Cette plante n'eût donc jamais produit de fruits à la Réunion et ailleurs, si l'on n'eût découvert le moyen de la féconder artificiellement.

Le procédé de la fécondation artificielle fut appliqué en France, pour la première fois, en 1830, par Neumann, dans les serres du Jardin des Plantes, et en 1837 par Morren, dans les serres de Liège.

En 1842, M. Dupuis, pharmacien de 1re classe de la marine à la Guadeloupe, préconisa un procédé qui consistait à couper, au moyen de ciseaux très effilés, la membrane qui empêche les organes mâle et femelle de se mettre en contact. Il adressa à ce sujet un rapport très intéressant au président de la Chambre d'agriculture de la Réunion. Mais cette méthode fut considérée comme peu pratique et ne fut pas employée.

C'est vers la même époque, 1841 ou 1842, qu'un jeune noir du nom d'*Edmond Albius*, esclave de M. Beaumont Bellier, habitant de la Réunion, fort versé dans l'étude de la botanique, découvrit un moyen simple et rapide de féconder la vanille, en voyant son maître pratiquer les rapprochements sexuels entre les fleurs. C'est le procédé actuellement suivi par tous les planteurs de vanille dans la colonie ; il consiste à soulever, au moyen d'un stylet en bambou, la membrane séparatrice et à la faire glisser, sous l'anthère, de manière à ce que celle-ci se trouve en contact direct avec le stigmate. Nous reviendrons longuement sur ce procédé en parlant de la culture de la vanille.

4° DÉCOUVERTE DES PROCÉDÉS DE PRÉPARATION DES GOUSSES

La découverte de la fécondation artificielle de la vanille avait une grande importance; mais elle ne produisit de bons résultats que quand on sut préparer les gousses par une méthode qui permit de les offrir au commerce sous la forme et l'aspect des vanilles du Mexique.

Jusqu'en 1851, on ne connut à la Réunion d'autre procédé de préparation que celui qui consistait à cueillir les gousses, à les suspendre à l'ombre et à les entourer de bandelettes pour les empêcher de se dessécher. Le commerce faisait un très mauvais accueil à des vanilles préparées de cette façon.

C'est en 1851, qu'un honorable habitant de Saint-André, M. Loupy, appliqua pour la première fois le procédé *à l'eau bouillante*, décrit par Aublet dans l'Encyclopédie méthodique de 1787. Ce procédé se généralisa bientôt et permit d'expédier en France des vanilles aussi bien préparées que celles du Mexique.

Enfin, en 1870, M. de Mazérieux, président de la Chambre d'agriculture de Saint-Denis, essaya avec succès le procédé mexicain connu sous le nom de *préparation au four*, plus expéditif et aussi avantageux que le précédent.

Nous décrirons minutieusement ces deux procédés dans le chapitre consacré à la préparation de la vanille.

CHAPITRE II

Culture — Fécondation — Récolte.

1° CULTURE

Nous allons exposer, d'une manière générale, les conditions de sol et de climat les plus favorables au développement de la vanille, indiquer le choix des tuteurs qui lui conviennent et la meilleure méthode pour se procurer de bonnes boutures ; puis nous décrirons la marche à suivre pour établir une plantation de vanille.

La vanille, à l'état sauvage, se plaît dans les terrains humides, dans les lieux bas et marécageux, sur le bord des criques, des ruisseaux et des rivières, dans les endroits où l'ombrage ménagé des bois la met à l'abri des trop vives ardeurs du soleil, partout enfin où la terre conserve une fraîcheur permanente. Elle vient cependant bien en plein soleil et donne des récoltes plus abondantes et des fruits plus parfumés.

Sol. — Le *sol* qui convient le mieux à la vanille est celui qui est riche en humus, poreux, friable et léger ; il permet ainsi aux racines de s'étendre en tous sens et à l'excès d'eau de s'écouler facilement. Un sol trop argileux, susceptible de se fendiller pendant la sécheresse, ou d'absorber trop d'humidité pendant les pluies, ne peut être que nuisible à cette plante.

La vanille pousse très bien dans les anfractuosités des roches, où se trouvent des débris végétaux décomposés, et sur les sols graveleux formés par les anciens lits des bras de rivières.

Climat. — La vanille ayant besoin d'humidité constante, exige un *climat* où les pluies soient fréquentes, mais modérées ; elle languit et végète dans les localités trop éprouvées par la sécheresse et les grands vents de mer, à moins qu'elle ne soit bien abritée et soumise à une irrigation ménagée. Les points de l'Ile qui nous paraissent le mieux convenir à la culture de la vanille sont : Saint-Paul, Sainte-Suzanne, Saint-André, Saint-Benoît et Saint-Denis. Depuis plusieurs années on cultive la vanille au *Bois-Blanc*, localité située près du volcan, entre Sainte-Rose et Saint-Philippe. — Les lianes, plantées sous bois, sur un terrain léger provenant de la décomposition des laves et riche en humus, ont été dès le début d'une exubérance prodigieuse qui faisait bien augurer de l'avenir de ces nouvelles plantations. Mais le Bois-Blanc étant une localité très humide et abondamment arrosée, les lianes ont beaucoup souffert de l'excès d'humidité. Les fruits aqueux n'ont pas le parfum et le volume des gousses mûries en plein soleil. Les vanilles des régions plus sèches leur sont bien supérieures. — En général on peut dire que l'excès d'ombre et d'humidité pousse à l'abondance des tiges et des feuilles, et la lumière et la chaleur à la floraison et à la fructification.

Elle aime également les températures chaudes, s'élevant à une moyenne de 28° environ, ainsi que cela a lieu au Mexique, à la Guyane et en Cochinchine. Elle s'acclimate néanmoins dans les régions où la température s'abaisse à 14° et où la moyenne ne dépasse par 25°, comme à la Réunion. Elle s'accommode assez bien des hautes altitudes de 300 à 400 mètres au-dessus du niveau de la mer (Saint-François et le Brûlé). Mais la vanille importée dans la Colonie n'a pu réellement s'habituer à notre climat et supporter facilement les fécondations multipliées qu'on lui a fait subir depuis 20 ans, que parce qu'elle avait d'abord éprouvé un commencement d'acclimatation dans les serres du Muséum de Paris, et qu'on l'a laissée ensuite, pendant de longues années, pousser à sa guise sans la féconder.

La grosse vanille de Cayenne, qui était venue directement de la Guyane, sans passer par les conditions favorables où *la vanille à feuilles planes* s'est trouvée, ne s'est réellement jamais acclimatée ici d'une manière complète, puisqu'elle noue très difficilement après la fécondation et qu'elle produit des gousses dont l'odeur faible ne rappelle nullement celle des fruits si parfumés de la vanille de Cayenne. En Cochinchine, la vanille importée de la Réunion ne paraît pas encore complètement acclimatée. Elle donne peu de fruits, excepté dans l'île de Phu-quoc où la culture a mieux réussi. — Nous pensons que la vanille de Cayenne conviendrait mieux à ce climat humide et chaud qui rappelle celui de la Guyane.

Tuteurs. — La vanille, étant une plante grimpante, a besoin de *tuteurs* pour soutenir ses tiges longues et flexibles. On peut dire que tous les arbres peuvent servir de tuteurs, à condition qu'ils ne soient pas susceptibles de changer d'écorce. Ceux dont on fait habituellement usage sont :

Le Manguier (*Mangifera indica*), — le Filao (*Casuarina equisetifolia*), — le Bois noir (*Acacia Lebbeck*), — le Sang dragon (*Pterocarpus indicus*), — le Jacquier (*Artocarpus integrifolius*), — le Bibassier (*Eriobotrya japonica*), — l'Avocatier (*Laurus persea*), — le Ouatier (*Bombax malabaricum*), — les Figuiers (*Ficus elastica et indica*), — le Pignon d'Inde (*Jatropha curcas*), — le Bois-Chandelle (*Dracœna tesselata*), — le Manioc (*Jatropha manihot*).

Ces trois derniers sont employés surtout dans les plantations qu'on veut créer de toutes pièces, sur des sols nus et sans ombrage ; ils ont l'avantage de pousser rapidement et de fournir un assez bon abri. A la Guyane on préfère comme tuteur le mûrier des Philippines.

Pépinières. — La culture de la vanille, par suite de maladie, d'épuisement des lianes, ou de fatigue du sol, est entrée dans une phase où il n'est plus permis de suivre les errements du passé. Il faut, à l'heure présente, s'occuper de créer des *pépinières* de plants sains et vigoureux destinés exclusivement à faire des boutures, au lieu de faire servir à cet usage des lianes épuisées par une longue série de fécondations annuellement répétées.

A cet effet, si l'on possède déjà une vanillerie en rapport, on choisira un certain nombre de belles lianes qu'on laissera pousser en liberté sur leurs tuteurs et qu'on aura soin de ne pas féconder. Ce sont des sujets pleins de sève et de santé qui, à l'âge de deux à trois ans, serviront à faire des boutures pour renouveler la vanillerie.

Dans le cas où l'on établirait une plantation nouvelle sans avoir de boutures à sa disposition, il faudra se procurer, chez l'habitant, des lianes qu'on choisira soi-même, sans se laisser arrêter par le haut prix qu'on peut en demander ; car du choix de ces premières boutures va dépendre l'avenir de toute la culture. On en réservera une partie qui sera plantée à part sur un sol riche en humus, préparé à l'avance avec soin, soumis à l'irrigation ou à des arrosements souvent répétés et qui servira uniquement de pépinière pour de nouvelles boutures.

Nous recommandons, à titre d'essai et dans le but de se procurer des plants ayant subi une sorte de révivification, les lianes qui ont été plantées dans les régions élevées ou la rigueur de la température ne leur permet pas de fleurir. Peut-être ces vanilles sont-elles destinées à régénérer nos lianes malades, et serait-il bon, en conséquence, d'établir des pépinières dans les montagnes où l'on trouve encore d'épaisses couches d'humus et où règnent des pluies bienfaisantes.

Etablissement d'une vanillerie. — Ces principes une fois posés, indiquons maintenant la méthode à suivre pour établir une *vanillerie* d'une certaine étendue.

On peut avoir, à sa disposition, un bois assis sur un coteau à faible pente, un verger planté de grands arbres fruitiers ou un terrain nu.

Dans le premier cas, qui est le plus rare malheureusement, on devra choisir les bois situés au couchant, de préférence, pour que la vanille ne soit point exposée au vent et reçoive plus de chaleur. On élaguera les branches qui pourraient donner un excès d'ombre. Le sol couvert d'humus et de débris végétaux lentement accumulés fournira aux racines la nourriture qui convient le mieux à cette plante, et, en même temps, celle-ci y trouvera une humidité constante si favorable à son développement.

Les pentes de ravines encore boisées, situées à une faible altitude (2 à 300 mètres au plus), sont également très propres à l'installation d'une vanillerie. Les lianes y acquièrent une vigueur surprenante. — Mais il faut avoir soin de leur ménager une large exposition au soleil, surtout à l'époque de la floraison et de la maturité des gousses.

Un grand nombre d'habitations possèdent encore des vergers, qui ont été naturellement choisis depuis de longues années pour y cultiver des vanilles. Les lianes y ont donné des récoltes abondantes pendant fort longtemps; mais depuis que la maladie a sévi sur les vanilles, la plupart des sols de ces vergers sont devenus complètement impropres au développement des nouvelles boutures qui y ont été plantées ; malgré toutes les précautions qu'on a prises et que l'expérience a suggérées, telles que formation d'un sol artificiel au pied des anciens tuteurs, apport de terreau et d'humus, il y a eu insuccès presque partout. Aussi peut on affirmer, à quelques rares exceptions près, que les vanilles meurent ou deviennent assez promptement malades lorsqu'on les plante sur un sol où les anciennes lianes ont péri à la suite de la même maladie. Il vaut mieux changer de mode de culture, transformer ces vergers en caféeries et chercher un sol vierge pour y créer une nouvelle vanillerie.

Le *terrain choisi* pour être l'objet d'une plantation nouvelle doit être préparé de longue main. On s'attachera d'abord à en reconnaître la nature. S'il ne renferme pas une couche d'humus suffisante et s'il n'est ni poreux, ni friable, il faut composer un sol artificiel en creusant de longues tranchées de 3 à 4 pieds de large sur un pied de profondeur qu'on remplira ensuite d'un compost formé de 2/3 de terreau de feuilles consommé et de 1/3 de sable grossier ou gravier. Le tas doit être élevé au-dessus du sol, de façon à empêcher la stagnation de l'eau qui ferait pourrir les racines.

Avant de s'occuper des tuteurs, on aura soin d'établir, sur les limites de la vanillerie, des haies d'hibiscus rouge destinées à servir de rempart aux brises trop violentes de la saison sèche, surtout dans les localités situées sur le littoral. On plantera ensuite, à 4 ou 5 mètres de distance, de jeunes pieds de cacaoyiers, bibassiers, jacquiers, manguiers ou avocatiers qui, au bout de 2 à 3 ans, pourront protéger de leur ombre les boutures de vanilliers et même leur servir de tuteurs au besoin. Un moyen plus expéditif de se procurer l'ombre nécessaire, dès le début d'une jeune plantation, consisterait à mettre à la place des arbres dont nous venons de parler, des bananiers dont les larges feuilles à croissance si rapide offriraient bien vite l'abri désiré. Ces précautions sont d'autant plus indispensables, qu'à l'époque où se font les plantations de vanille, les pignons d'Inde, qui leur servent de tuteurs, sont généralement dépouillés de leurs feuilles. Cela fait, on plante ensuite des rangées de pignons d'Inde ou de bois-chandelle à 1 mètre ou

1 mètre 50 les uns des autres, en laissant 2 mètres 50 d'intervalle entre chaque rang. Quelques habitants ont l'habitude de piquer des bois de manioc debout à 0 mètre 50 en dehors et en dedans de chaque pignon d'Inde. Cette pratique a un grand inconvénient, c'est celui de tenter la convoitise de gens peu scrupuleux dont l'industrie consiste à vivre sur le bien d'autrui et qui viennent, à l'époque de la maturité des racines de maniocs, arracher violemment la tige en détruisant du même coup la liane qui y est attachée.

Les mois reconnus les meilleurs pour la plantation des boutures sont ceux de novembre, décembre, janvier et février, époque des pluies et des grandes chaleurs.

La *longueur* des boutures est fort variable. Généralement elles sont de 3 à 6 nœuds, quelquefois de 3 à 4 mètres, y compris le cœur ; dans ce dernier cas, les lianes peuvent fleurir et rapporter dès la première année. Cette méthode demande les plus grands soins pour éviter la pourriture de la bouture. Il faut coucher la tige en rond sur le sol, sur une longueur de 2^m au moins, l'arroser fréquemment et préserver l'extrémité de la bouture de l'action du soleil.

Les boutures sont mise en terre, au pied de chaque tuteur, à un pouce de profondeur, en ayant soin de laisser deux nœuds au moins hors du sol ; cette partie de la liane est appliquée contre le tuteur en plaçant sur l'écorce le côté d'où partent les griffes. On l'assujettit sur l'arbre au moyen de un ou deux liens plats fabriqués avec les feuilles de vacoa (*pandanus utilis*); il est bon de couper les griffes et les feuilles qui se trouvent sur la portion placée dans le sol.

On couvre ensuite chaque bouture d'une couche d'humus provenant de feuilles décomposées, puis de feuilles et de pailles sur lesquelles on place quelques pierres plates pour entretenir l'humidité du sol, et s'opposer à la trop prompte évaporation des eaux. Dans les localités très sèches on se trouve bien de l'amoncellement des roches sur les racines dans le but d'entretenir l'humidité du sol.

On a quelquefois l'habitude d'établir autour de chaque tuteur un entourage de pierres sèches de 0 mètre 30 de rayon. Nous pensons qu'on pourrait se dispenser avantageusement de cette manière de faire en disposant tout simplement la plantation en planches ou carreaux limités par des rangs de galets parallèles et formant des allées latérales. Les racines des vanilles, qui s'étendent souvent à plusieurs mètres, seraient moins gênées dans leur expansion et pourraient courir en toute liberté.

On cultive généralement les vanilles en *espalier*. Cette méthode permet d'opérer la fécondation des fleurs de vanille avec plus de facilité que si les lianes étaient livrées à elles-mêmes et montaient jusqu'au sommet des tuteurs. Lorsque les vanilles ont atteint une certaine longueur, on les enroule autour des plus basses branches des arbres sur lesquelles elles se sont fixées, ou bien on les guide, au fur et à mesure de la croissance des bourgeons terminaux, vers les supports horizontaux élevés à un mètre du sol et qui relient les tuteurs entre eux. On ne doit jamais détacher brutalement la liane de l'arbre et briser ses suçoirs pour lui faire prendre une direction nouvelle (ce qui se fait malheureusement trop souvent, malgré le danger de cette pratique vicieuse).

Dans les circonstances ordinaires, avec des boutures de 3 à 4 nœuds, une tige de vanille atteint 3 ou 4 mètres au bout de la deuxième année et commence à se charger de fleurs au bout de la troisième.

ENTRETIEN. — L'*entretien* d'une vanillerie consiste à arroser les boutures dès le début de la plantation, à enlever toutes les plantes parasites, à repiquer les pieds morts et à renouveler l'engrais deux fois par an. On doit avoir le soin de préparer, au moment de la plantation, des pépinières de boutures dans un lieu frais et ombragé, afin de pouvoir remplacer les jeunes pieds qui n'auraient pas pu se développer.

Au Mexique, on recommande de laisser pousser, au pied des vanilles, l'herbe verte à une hauteur de 30 à 40 centimètres pour mieux entretenir l'humidité du sol.

ENGRAIS. — Nous avons dit que le meilleur *engrais* qui pût convenir à la vanille était l'engrais végétal. On a fait usage depuis quelques années de fumier vert ou consommé renouvelé deux fois par an. C'est surtout au moment de la floraison et de la fructification qu'il faut le plus nourrir la liane. Dans l'état de maladie ou de souffrance où se trouve en ce moment la vanille, nous pensons qu'on pourrait ajouter au terreau de feuilles ou au fumier consommé une certaine quantité de chaux et de cendre, principalement de cendre de feuilles de bananiers. Les plus belles vanilleries de Saint-Denis sont celles où l'on a eu le soin de placer sur les pieds de vanille des détritus de bananier, en couches épaisses. — Cette substance végétale entretient l'humidité et fournit, aux racines des lianes une nourriture qui semble lui convenir puisqu'elles se développent d'une manière remarquable. — Ces vanilleries sont couvertes de bananiers et par conséquent forment double profit pour le propriétaire. — Notre opinion s'appuie sur ce fait, que l'analyse de la tige et des gousses de vanille nous a révélé une proportion considérable de sels alcalins dans le même rapport à peu près que celle qui existe dans les cendres du bananier. Cela prouve que la vanille demande au sol des aliments de choix et que les cendres de bagasse ou de bananier, mélangées à l'humus, seraient susceptibles de produire de bons effets. Nous reviendrons plus tard sur cette question.

Il est de la plus grande importance de ne pas conserver une vanillerie plus de sept ans. C'est ce qui se pratique au Mexique. Les lianes produisent pendant 4 années ; puis, à l'aide des vanilles vierges conservées pour faire des boutures, on établit une nouvelle plantation dans des terrains neufs et bien préparés.

Autrefois les vanilliers se conservaient pendant de très longues années et certains habitants entretenaient la perpétuité de leur vanillerie en employant le *provignage* qui les dispensait des ennuis d'une plantation nouvelle. Il ne serait pas prudent de suivre aujourd'hui cette méthode dans les vanilleries d'une grande étendue. Cependant le provignage se fait avec succès toutes les fois que l'on voit un pied de vanille souffrir, dans le courant des deux ou trois premières années. — On a sauvé beaucoup de lianes malades en les forçant à demander au sol une nourriture que les racines ne lui donnaient qu'en proportion insuffisante.

On choisit, à cet effet, sur un vanillier vigoureux, une belle pousse de 1 à 2 mètres qu'on abaisse sur le sol bien amendé par de l'humus et légèrement creusé en rigole et on la maintient couchée à terre, au moyen d'un piquet en bois en forme de crochet. On recouvre légèrement de terreau et de feuilles et on arrose de temps à autre. Peu de temps après, des racines se développent à l'endroit qui touche le sol; et la *tige*, nourrie par ces organes et par la souche mère, se développe à son tour et accomplit toutes les phases de la végétation.

TAILLE. — Ce n'est que depuis peu d'années qu'on pratique la *taille* sur les lianes de vanille. Elle a réussi dans quelques cas, échoué dans quelques autres. Notre opinion est qu'on doit y avoir recours lorsqu'on veut jouir rapidement de sa récolte et qu'on ne tient pas à conserver sa vanillerie plus de deux ou trois ans. La taille, en effet, pousse à la production exagérée du fruit et épuise toujours prématurément le sujet. Mais quand on a préparé ses plantations de façon à avoir des carreaux de vanilles d'âge différents, dans le but de faire succéder un carreau de jeunes lianes et prêtes à fleurir à un carreau sur le point de disparaître à la suite d'une ou deux récoltes forcées, on peut employer cette méthode avec succès.

Au moment de la première floraison des jeunes lianes on coupe l'extrémité des rameaux. La sève afflue alors vers les boutons floraux et les fleurs s'épanouissent à toutes les aisselles de la tige principale. En même temps, des bourgeons sortent en grand nombre sur la partie de la liane qui précède les fleurs. On ne conserve que le plus vigoureux et on sacrifie tous les autres. C'est sur cette tige secondaire que doivent se développer les fleurs de l'année suivante.

Quand les gousses sont arrivées à maturité et qu'on a fait la récolte, on coupe alors entièrement le rameau qui a porté fruit et on ne conserve que la tige nouvelle de l'année précédente vers laquelle va se diriger toute la sève absorbée et préparée par la racine. En émondant la partie inutile de la plante on évite ainsi la déperdition des sucs nourriciers qui ne servent plus qu'à produire tout leur effet utile.

Quand les boutons floraux ont fait leur apparition sur l'unique tige conservée, on coupe, comme précédemment, le bourgeon terminal pour arrêter la sève et on suit la marche indiquée dans la première opération.

On continue ainsi tant que la liane donne des récoltes rémunératrices.

Il faut avoir soin de fournir aux plantations, deux fois par an, un engrais très riche pour leur permettre de supporter les productions considérables qu'on exige d'elles. On leur donnera un compost fait de fumier consommé, de terre, de feuilles, de cendres et de chaux.

En général les lianes soumises à la *taille* poussent en plein soleil ; elles prennent une couleur jaunâtre et offrent un aspect un peu rabougri qui contraste avec la couleur d'un vert sombre et l'exubérance des vanilleries cultivées à l'ombre et livrées à elles-mêmes. Mais les meilleurs vaches laitières ne sont pas les plus grasses et les amas de vanilles matelassées sur leurs tuteurs ne produisent pas les récoltes les plus abondantes et les plus parfumées. En résumé, pour réussir avec cette méthode, il faut planter peu à la fois ; — ne laisser en fait de tiges que le strict nécessaire pour porter fleurs et fruits ; — nourrir la plante avec des engrais actifs renouvelés au moins deux fois ; — donner beaucoup d'air et de lumière et éviter l'excès d'humidité tout en pratiquant des arrosages fréquents pendant la saison sèche.

Un autre avantage de la *taille*, c'est de débarrasser la plante de tout l'amas de végétation qui donne tant de prise au vent pendant les ouragans et occasionne tant de pertes. La vanille taillée et réduite à sa plus simple expression n'oppose qu'une maigre surface à la violence de la tempête et par suite n'éprouve que peu de dommage, ce qui est à considérer dans les pays à cyclones comme Bourbon et Maurice.

2° FÉCONDATION DES FLEURS

Les fleurs de vanille commencent à apparaître vers les mois de juin et juillet et continuent jusqu'au mois de novembre. On a remarqué que certains pieds de vanille entraient en floraison en mars ; cette précocité n'indique jamais un bon état de santé de la liane.

Les fleurs naissent par grappes, à l'aisselle des feuilles ; une tige de vanille dans toute sa force peut donner jusqu'à 200 grappes à la fois, chaque grappe renfermant 15 à 20 fleurs, c'est donc près de 4.000 fleurs pour un seul pied. Chaque fleur s'épanouit l'une après l'autre sur la grappe et ne dure qu'un seul jour.

On recommande de faire un choix parmi les fleurs à féconder ; de prendre de préférence les fleurs belles, larges et dont l'embryon est bien développé. Généralement c'est dans les premières fleurs qui s'épanouissent que cette sélection doit s'opérer.

Le temps le plus favorable à la fécondation est de 8 heures du matin à 1 ou 2 heures de l'après-midi. Les fleurs nouent mal lorsqu'on les féconde pendant la pluie ou des sécheresses prolongées ; mais quand il a plu la veille, la fécondation réussit très bien.

On a l'habitude de féconder de 5 à 6 fleurs par chaque grappe, lorsque la liane est bien chargée. Il vaudrait infiniment mieux ne féconder que deux ou trois fleurs au plus ; car on obtiendrait des gousses plus belles et mieux nourries, ce qui serait d'un très grand avantage pour la préparation des gousses et la beauté des produits. L'habitant rattraperait sur la qualité ce qu'il perdrait sur la quantité.

Dans le but de ménager les lianes et d'éviter qu'elles ne produisent trop souvent, nous conseillons de diviser la plantation de vanille en 4 carreaux égaux. On ne soumettrait, chaque année, qu'un seul des carreaux à la fois à l'opération de la fécondation artificielle. De sorte qu'au bout de 4 années, comptées à partir du moment où les vanilles peuvent commencer à produire, le vanillerie entière n'aurait subi qu'une seule fois la fécondation. Grâce à cette mesure conservatrice et prudente, les vanilles, soumises à un repos de 3 ans, pourraient parcourir de nouvelles séries de fécondation sans s'épuiser ; la plantation pourrait durer fort longtemps, et si le planteur y trouvait un profit moins élevé, il aurait l'espérance, comme compensation, de voir ses revenus se maintenir pendant de longues années.

INSTRUMENTS EMPLOYÉS POUR LA FÉCONDATION. — On se sert, pour pratiquer la fécondation artificielle, d'instruments extrêmement simples ; c'est habituellement un petit morceau de *bambou* de 6 à 8 centimètres de longueur aminci et arrondi à une de ses extrémités, ou bien les *nics* (1) des palmistes, des cocotiers, ou des lataniers. Un instrument tranchant, tel que la pointe d'un canif, risquerait de blesser les organes délicats de la fleur.

La pratique de la fécondation artificielle est des plus faciles ;

_____

(1) On appelle ainsi la nervure dorsale des folioles de ces arbres.

elle exige une main légère et exercée pour être faite avec une grande rapidité. Un bon fécondeur peut arriver, dans sa matinée, à féconder plus de 1.000 fleurs de vanille.

On se rappelle la description que nous avons donnée de la fleur de la vanille. C'est le cas maintenant de mettre à profit la connaissance que nous avons de la position respective des organes mâle et femelle pour bien comprendre le *modus faciendi* de la fécondation artificielle. (*Voir la planche.*)

MODE OPÉRATOIRE. — On saisit la base de la fleur entre le pouce et le médius de la main gauche, en plaçant l'index sur le dos du gynostème afin de lui donner un point d'appui; ou bien, on place, entre l'index et le médius de la même main tenue horizontalement, les 3 pétales supérieurs de la fleur, le pouce relevé et rapproché de l'anthère. Cette dernière position est préférable à la première et permet d'opérer plus adroitement. Cela fait, avec le petit instrument tenu de la main droite, on déchire la pièce de la corolle, en forme de capuchon, pour mettre à découvert les organes de fécondation ; puis on introduit l'extrémité du petit bambou sous la valve supérieure, ou opercule de l'organe femelle, et on la relève de manière à la redresser complètement et à la cacher sous l'organe mâle ou étamine.

Quand cet opercule est bien relevé, l'étamine qui s'est d'abord élevée avec lui tend à reprendre la position inclinée vers l'organe femelle. On aide alors cette inclinaison avec le pouce de la main gauche qui appuie légèrement sur l'étamine et la presse contre le stigmate sur lequel elle reste collée. On n'a plus alors qu'à retirer doucement le petit bambou et la fleur est fécondée.

On reconnaît que la fécondation a réussi quand, au bout du troisième jour la fleur, flétrie déjà dès les premiers moments, se maintient au sommet de l'ovaire et lorsque celui-ci se contourne. On dit alors que la fleur a noué. Celle-ci persiste, jusqu'à la maturité du fruit, et cette partie desséchée porte le nom de *nombril*.

Quand on a fécondé le nombre de fleurs voulu et que la fécondation a réussi, on casse le reste du bourgeon floral pour empêcher l'épanouissement des autres boutons.

Au bout du premier mois, le fruit a déjà acquis les proportions d'une gousse presque mûre. Ce n'est cependant que 6 à 7 mois après qu'il aura atteint son entier développement. La nature se réserve cette longue période pour élaborer mystérieusement dans l'intérieur des cellules ces substances inconnues qui serviront plus tard à la formation de ce suave parfum dont les gousses se pénétreront après la maturité complète. En Cochinchine, les gousses mûrissent trop vite ; au bout de 3 à 4 mois le fruit jaunit avant d'avoir atteint son entier développement. Aussi la gousse est-elle petite, presqu'impossible à préparer et peu parfumée.

 Les gousses mûries à l'ombre sont moins parfumées que celles qui ont été exposées au soleil. Il y a donc avantage à élaguer les branches des tuteurs qui pourraient empêcher les rayons du soleil de pénétrer largement jusqu'aux fruits, surtout vers les derniers mois qui précèdent la récolte.

3° RÉCOLTE DES GOUSSES

La *cueillette* de la vanille commence vers la seconde quinzaine de mai et se continue jusqu'en août. Les premières gousses sont généralement inférieures ; celles que l'on récolte en juin donnent un meilleur produit.

Il est extrêmement important de ne cueillir les gousses que lorsqu'elles sont arrivées au degré voulu de maturité ; autrement elles fermentent et pourrissent quelques mois après leur préparation.

Il existe des signes qui permettent de reconnaître sûrement que les gousses sont bonnes à cueillir. Ainsi, lorsque le gros bout commence à jaunir, c'est le bon moment pour en faire la récolte. Si l'on attendait un peu plus longtemps, les fruits se fendraient et constitueraient plus tard une marchandise inférieure. Du reste, à partir de la fin du mois de mai, on doit faire de fréquentes visites dans la vanillerie, s'assurer soi-même de l'état des gousses, de façon à faire cueillir le même jour toutes celles qui présentent le même point de maturité.

Il faut avoir le soin, autant que possible, de choisir la veille d'un beau jour, pour commencer la récolte des gousses mûres, par la raison qu'elles doivent, le lendemain, être exposées plusieurs heures au soleil.

Il est quelques précautions à prendre, pour détacher les

gousses de la tige, qu'il n'est pas inutile de faire connaître. On doit saisir le fruit de la main droite, vers l'extrémité de la crosse et l'enlever de la tige en la tirant doucement de droite à gauche. Quelques personnes se servent de l'ongle pour sectionner le péduncule; il arrive alors assez souvent que la crosse est coupée, ce qui nuit plus tard à l'uniformité des paquets. Enfin, quand on veut détacher la gousse, en la prenant par le milieu et la tirant brusquement à soi, on court encore le risque de briser la crosse et souvent même d'amener à soi toute la grappe.

CHAPITRE III

Préparation de la vanille au Mexique, à la Guyane, à la Réunion. — Modifications aux procédés actuels.

Les diverses méthodes de préparations des gousses de vanille, usitées dans les différents pays où l'on se livre à la culture de cette liane, peuvent se ramener à deux types :

1° La préparation *directe,* consistant à laisser mûrir librement la gousse, en l'exposant quelque temps au soleil et à l'ombre alternativement.

2° La préparation *indirecte*, nécessitant l'intervention de l'eau bouillante ou d'une étuve à 70° pour arrêter la végétation du fruit, l'empêcher de se fendre, et lui donner la forme et l'apparence réclamées par le commerce.

La première méthode ne peut être employée, que dans les régions chaudes de l'Amérique du Sud, où la température se maintient en moyenne à 28°. Les produits ainsi préparés sont consommés sur place et ne sont jamais envoyés en Europe. Nous allons donner une description succincte des divers procédés appliqués dans les pays où la vanille croît spontanément, avant de passer à l'exposition de ceux en usage dans la Colonie et partout où l'on prépare industriellement la vanille.

1° PRÉPARATION DE LA VANILLE A LA GUYANE

EXPOSITION A L'OMBRE. — La vanille, qui se développe à la Guyane avec une vigueur remarquable, n'a encore été l'objet d'aucune culture industrielle. Elle pousse naturellement dans les bois, sur le bord des criques ; celles qui donnent le plus de fleurs et de fruits se rencontrent dans les abatis, sur les vieux chicots à moitié brûlés, au milieu des clairières. En ville, on en cultive quelques pieds sur des barrières de bois qui servent de clôtures aux jardins. Les essais en grand n'ont pas réussi jusqu'à ce jour. La vanille du Mexique serait sans doute préférable. On se borne à préparer les gousses nécessaires à la con-

sommation courante, quelques kilos à peine. On cueille les
gousses bien mûres et commençant à s'entr'ouvrir, puis on les
suspend à des cordes dans des chambres bien aérées, et à
l'ombre, en ayant soin de les entourer d'un fil qu'on resserre
de temps à autre pour les empêcher de s'ouvrir. Au bout de
15 à 20 jours, la préparation est terminée; les gousses sont
alors noires, onctueuses, gorgées d'une huile balsamique et
parfumée, exsudant à la moindre pression. Leur odeur est
plus forte et plus pénétrante que celle de la vanille de Bourbon ; il est probable que, si elles étaient bien préparées, elles
trouveraient sur les marchés européens un débit assuré.
Aublet cite une ancienne méthode qui consistait à passer les
gousses dans les cendres chaudes, pour les faire flétrir et leur
enlever une partie de leur humidité. Après les avoir essuyées
et enduites d'huile fine, on les suspendait à l'air libre, après
les avoir liées par le bout. La méthode de préparation par
l'eau bouillante n'a pas donné de bons résultats, faute sans
doute d'être opérée par des mains expérimentées.

2° PRÉPARATION AU MEXIQUE

La vanille se cultive, au Mexique, dans les provinces où
règne un climat chaud et humide, telles que Misantle, Pa-
pontle, Nantle et Colipe. On la plante à l'époque de la saison
pluvieuse et on la récolte en décembre. En dehors de ces
plantations, on récolte aussi la vanille qui pousse spontanément dans les forêts.

On compte cinq espèces de vanille, au Mexique ; elles sont
désignées, dans le pays, sous les noms de :

1° *Vanille corriente*, *vanille lec* ou *aromatique*, c'est l'espèce la plus renommée pour la qualité de ses gousses ; elle
fournit au commerce cinq variétés :

Une *vanille charnue et longue.*

La *V. Chicafina*, de moitié plus petite que la précédente.

La *V. Sacata*, à peau plus fine que la première.

La *V. resecata*, petite, sèche, le quart de la longueur de la
précédente.

La *V. basura*, tout à fait inférieure.

2° *Vanille sylvestre*, ou *simarona* ; c'est une vanille sauvage
à fruit plus petit que celui de la corriente.

3° *Vanille mestiza*, fruit plus rond.

4° *Vanille puerca*, ou *vanille cochon*, dont l'odeur est désagréable.

5° *Vanille pompona*, fruit gros et court, à odeur agréable, appelé *vanillon*.

EXPOSITION AU SOLEIL (1). — Les procédés de préparation sont assez nombreux. Dans certaines provinces, on place les gousses de vanille, cueillies à leur maturité, sur des claies en paille, sur lesquelles on a disposé des couvertures de laine, et on les soumet à la *chaleur du soleil* pendant plusieurs jours. Ensuite on les enferme dans des boîtes ou caisses tapissées de couvertures de laine pour les faire suer. La vanille noircit au bout de quelque temps ; puis on termine sa préparation en l'exposant de nouveau à la chaleur solaire. Les vanilles de qualité supérieure exigent deux mois de chaleur pour être bien préparées.

EXPOSITION AU FEU. — A Colipe, pendant la saison pluvieuse, les Indiens, d'après Humboldt, forment au moyen de petits tubes de roseau un cadre suspendu par des cordes et couvert d'un morceau de laine sur lequel on étend les gousses. Un feu peu intense est allumé au-dessous du châssis, qu'on soumet alors à un balancement qui l'éloigne ou le rapproche tour à tour du foyer.

FERMENTATION. — Dans d'autres contrées, on cueille les vanilles lorsqu'elles sont jaunes et près de s'ouvrir, et on les met en petits tas à *fermenter*, comme le cacao, pendant deux à trois jours. On les étend ensuite au soleil, et quand les fruits sont à moitié secs, on les aplatit avec la main et on les enduit d'huile de Palma-Christi.

EAU BOUILLANTE. — Un autre procédé, employé également au Pérou et à la Guyane, consiste à plonger rapidement les

---

(1) La dessication des vanilles au soleil, dont il est question plus loin et qu'on fait précéder d'un repos à l'ombre pendant quelques jours, serait d'un emploi difficile à cause de la saison pendant laquelle on prépare les gousses, saison où le soleil est peu chaud et se montre rarement. Nous exposons plus loin les moyens à l'aide desquels on peut arriver à ce résultat, en concentrant la chaleur solaire.

(Note de l'auteur.)

gousses dans l'*eau bouillante* pour les blanchir, et à les suspendre ensuite à l'air libre, pendant vingt jours, pour les faire sécher.

PRÉPARATION AU FOUR (1). — Enfin, une méthode plus récente est celle de la *préparation au four*. Elle a été essayée à la Réunion avec succès depuis plusieurs années, à la suite de renseignements venus du Mexique ; d'où le nom de *préparation mexicaine*, donné au procédé.

Les indications qui suivent nous ont été fournies par M. le Président de la Chambre d'agriculture de Saint-Denis. Après la cueillette de la vanille, on essuie bien les gousses et on les sépare autant que possible par tas de même longueur. On en fait des paquets de 1.000 environ par couches horizontales, en alternant les têtes et les queues, pour les maintenir toutes au même niveau. Il faut donner à chaque paquet une longueur de 54 centimètres, les autres dimensions restant subordonnées à la longueur et à l'épaisseur des gousses. Le paquet est alors enveloppé dans une vieille couverture de laine soigneusement repliée, puis entourée de feuilles vertes de bananier ; enfin il est cousu dans un goni simple préalablement mouillé et tordu.

On dispose de petites claies en bois de dimension voulue pour recevoir chaque paquet, afin de les isoler de la sole du four, dont le contact immédiat serait nuisible.

La construction du four peut varier suivant les besoins de l'exploitation ; les dimensions suivantes permettront d'enfourner à la fois 12 paquets de 1.000 gousses : 2 mètres de diamètre, 30 centimètres de caisse et 70 centimètres de sous-voûte ; l'intérieur en sera bien cimenté pour conserver la chaleur le plus longtemps possible.

Après avoir chauffé, on retire le charbon et les cendres, et on laisse refroidir. C'est ici le point délicat de l'opération ; le degré de température auquel on s'arrêtera peut, en effet, varier entre 70 et 80°. Pour les vanilles des localités sèches, le four doit avoir une température de 76° à 77° ; pour celles

---

(1) Ce procédé, qu'on emploie à la Réunion depuis quelques années, a donné de très bons résultats entre des mains exercées et habiles. — Il tend à se généraliser aujourd'hui, et beaucoup de préparateurs de vanille abandonnent l'ancien système pour celui-ci. (*Note de l'auteur.*)

des localités humides, une chaleur de 75° est suffisante, suivant les qualités du four, les dimensions des gousses, le nombre des paquets enfournés et le temps qu'on laissera la vanille séjourner dans l'étuve. Le tâtonnement et l'expérience fixeront la règle pour chacun. Il est important, toutefois, pour constater la température du four à laquelle on voudra commencer l'opération, d'y introduire un thermomètre sur un petit chevalet en bois, puis de le fermer hermétiquement pendant dix minutes. Lorsque la température aura été bien réglée, on introduira les paquets sur leurs claies, en ayant soin d'enfourner d'abord les vanilles les plus grandes et en dernier lieu les plus petites. On espace les paquets de manière à ce qu'ils ne se touchent pas et on ferme la porte du four.

Les paquets renfermant les plus petites vanilles peuvent être retirés au bout de vingt-quatre heures ; les autres paquets après trente-six heures. Cette opération doit, autant que possible, se faire de jour, de manière à pouvoir profiter de quelques heures de soleil.

Au sortir de l'étuve, les gousses doivent avoir une belle couleur puce uniforme. On les essuie avec soin ; puis on les place au soleil, entre deux couvertures de laine, tous les jours, de neuf heures du matin à deux heures et demie de l'après-midi. On les retire du soleil lorsque les gousses sont bien dégorgées, c'est-à-dire lorsqu'elles n'offrent plus de parties résistantes sous la pression des doigts. C'est encore là un point délicat et important. On termine la préparation à la manière ordinaire, dans un séchoir, et en prenant les minutieuses précautions que nous allons décrire en parlant de la méthode suivie à la Réunion.

Comme le soleil n'est pas toujours très chaud dans la saison pendant laquelle on opère, ou qu'il est souvent caché par les nuages, on fera bien de construire, auprès du four, une étuve chauffée entre 30° et 35° où les vanilles placées sur des claies sous des couvertures de laine resteront environ une semaine avant d'être portées au séchoir. Cette étuve aura les dimensions suivantes : hauteur 3m10, largeur 3m30, profondeur 4m30. Elle recevra sa chaleur d'un calorifère placé au dehors, chauffé au bois et traversant l'appartement par un tuyau de 13 centimètres de diamètre.

3ᵉ PRÉPARATION DE LA VANILLE A LA RÉUNION

Avant 1851, comme nous l'avons déjà dit, la vanille se préparait, dans la Colonie, par le procédé de dessiccation à l'ombre et au soleil. Cette méthode longue, délicate, ne donnait que des produits imparfaits et ne permettait de se livrer qu'à une exploitation limitée.

Aujourd'hui les méthodes de préparation les plus habituellement suivies sont : le procédé mexicain, par le four, et le procédé à l'*eau bouillante*.

La préparation à l'*eau bouillante* donne des résultats excellents, lorsqu'on a le soin et la patience de ne négliger aucune des manipulations qu'elle demande, et surtout lorsque les gousses sont cueillies dans un état de maturité parfaite et qu'elles proviennent de lianes vigoureuses et saines.

Lorsque la cueillette des gousses est terminée, on a la précaution de préparer tout ce qui est nécessaire pour cette opération : de grandes marmites en fer, des paniers cylindriques en rotin, des nattes et des tables garnies de couvertures en laine noire, enfin deux ou trois autres couvertures de même étoffe.

EAU BOUILLANTE. — Les marmites remplies d'eau sont placées sur le feu. Aussitôt que l'eau est presque *bouillante,* mais non tout à fait en ébullition (c'est-à-dire à la température de 85 à 90°), on y plonge les paniers de rotin contenant les gousses de vanille. Tantôt le temps de cette immersion dure de 15 à 20 secondes et ne se renouvelle pas ; tantôt les paniers sont plongés et retirés lentement de l'eau, à deux ou trois reprises, de manière à rester 3 ou 4 secondes chaque fois dans le liquide.

Après chaque opération, les paniers sont vidés sur les tables dressées à cet effet, ou sur des nattes, pour que les vanilles y soient égouttées. Quand toutes les gousses ont été échaudées, elles sont placées en tas, puis recouvertes et mises à étuver pendant un quart d'heure.

EXPOSITION AU SOLEIL. — On les étend ensuite sur les tables, on les recouvre de couvertures de laine et on les laisse exposées à l'action du soleil jusqu'à 2 ou 3 heures de l'après-midi. Elles sont, après cela, roulées dans les couvertures, où elles se sont échauffées aux rayons du soleil, et portées dans une chambre close, dans laquelle elles se maintiennent chaudes jusqu'au lendemain. On peut aussi, après chaque exposition au soleil, les ramasser dans des caisses doublées en laine, où elles conservent mieux leur chaleur pendant la nuit. Cette exposition au soleil, dans les couvertures, dure 4, 6 et 8 jours, suivant le temps. On a soin de visiter souvent les gousses et de retirer celles qui seraient arrivées au point où le soleil peut leur nuire. On reconnaît que les vanilles ont atteint ce degré quand elles sont devenues souples et que l'épiderme, d'un brun chocolat uniforme, est sensiblement ridé par des fissures longitudinales.

Une exposition trop longue au soleil donne des produits secs, rougeâtres, peu aromatiques et moins appréciés par le commerce; les vanilles deviennent ce qu'on appelle *boisées*.

SÉCHOIR. — On les porte ensuite au séchoir, sorte de chambre bien close, exposée à l'Ouest et garnie de fenêtres qu'on ouvre au milieu du jour, pendant les moments de fort soleil. Intérieuremeut se trouve une ceinture de tablettes superposées, avec tringles en bois, de 2 centimètres de largeur, séparées de haut en bas par une distance de 15 centimètres pour que l'air puisse circuler librement. Ces tablettes doivent être à claires-voies ou rotinées.

Les vanilles placées sur ces supports y restent de 30 à 40 jours jusqu'au degré de dessiccation voulu. Elles demandent, pendant ce temps, une surveillance de tous les instants; il faut faire la séparation des gousses avancées, de celles qui ne le sont pas assez. On reconnaît qu'elles sont arrivées à ce point quand, prenant la vanille entre le pouce et l'index de la main gauche par un bout et promenant ensuite le pouce et l'index droit sur toute sa surface, on la parcourt sans sentir de rugosité. A ce moment, les gousses sont noires, souples et ridées; elles s'aplatissent mieux et offrent une impression de fraîcheur moins grande.

MALLES EN FER-BLANC. — Enfin, lorsqu'on juge qu'elles sont complètement sèches, on les met dans une malle de fer-blanc fermée, pour éviter une dessiccation plus avancée qui leur serait préjudiciable. Elles y restent jusqu'au moment où elles devront être mises en paquet. On prend la précaution de les visiter chaque semaine, pour séparer les gousses moisies.

La vanille, par ce procédé, exige au moins deux mois de préparation. On calcule que les gousses préparées perdent environ 1/5 de leur poids, et qu'il faut 5 kilos de vanille verte pour obtenir 1 kilo de vanille sèche.

Avant de mettre les vanilles en paquet, il faut les dresser et les trier.

DRESSAGE. — On les dresse une à une en les tirant doucement du côté opposé à la courbure de la gousse, leurs deux extrémités étant tenues entre le pouce et l'index de chaque main. Cette opération préliminaire a pour but de leur donner une meilleure forme et de les faire revenir à leur longueur normale.

TRIAGE. — On les trie ensuite en trois catégories :

La 1re est constituée par des gousses bien onctueuses, bien odorantes, noires et sans défaut, abstraction faite de leur longueur.

La 2e par des gousses trop sèches, un peu rouges, et ayant des rugosités sur l'épiderme.

La 3e par des vanilles fendues.

Ces trois sortes de gousses sont placées dans des boîtes différentes.

Il reste encore trois opérations à faire subir aux gousses préparées : le *mesurage*, *l'empaquetage* et *l'emballage*.

MESURAGE. — Le *mesurage* des gousses a une importance considérable, puisque chacune des catégories mises à part va constituer elle-même différentes qualités commerciales suivant la longueur des vanilles.

On se sert, pour ce mesurage, d'une *table* un peu basse, sur le bord de laquelle on a établi une échelle graduée en pouces de 0 à 9. — A partir du 5e pouce jusqu'au 9e, on fait 25 graduations de 2 en 2 lignes. La graduation qui marque le 5e pouce porte le n° 1 ; le 9e porte le n° 25. Sur cette même table, se trouvent 12 casiers transversaux, formant 2 rangs parallèles de 6 casiers chacun; le casier du rang le plus rapproché de l'opérateur, à gauche de la table, porte le double n° 1-13, celui qui suit, 2-14; le 12°, 12-24.

L'opérateur, assis à sa table et ayant près de lui sa boîte de vanille déjà triée en catégories, n'a plus qu'à mesurer ses gousses et les placer dans les casiers correspondant au numéro de mesurage. Quand les casiers sont encombrés, on fait des paquets provisoires de 50 gousses, attachés au milieu par des fils de rabane (fibre provenant de l'épiderme tendre de la jeune feuille du *sagus raphia* (originaire de Madagascar), et on les place toujours, en attendant, dans des caisses de fer-blanc fermées.

EMPAQUETAGE. — Pour faire l'*empaquetage* définitif, on prend les paquets de 50 gousses et on commence par faire un choix des 16 plus belles, qu'on met de côté pour servir d'enveloppe extérieure. Des 34 qui restent, on prend 8 des plus droites pour constituer le noyau. Les gousses sont ensuite bien dressées, la concavité des crosses tournées vers le centre et appliquées les unes à côté des autres; les 16 extérieures sont placées une à une, de façon à former une enveloppe entourant hermétiquement les gousses du centre. On les assujettit par un lien de rabane, faisant 2 fois le tour du paquet, attaché par un nœud plat, un peu plus bas que le milieu du faisceau. On n'a plus alors qu'à bien arrimer les extrémités du paquet, en les frappant légèrement par le bout inférieur sur la table pour que les gros bouts soient au même niveau et que le paquet reste debout, puis on met un second lien de rabane à 1 centimètre de l'extrémité des gros bouts et un autre à 2 ou 3 centimètres de celle où se trouvent les crosses.

EMBALLAGE. — Quand tous les paquets sont terminés, bien pressés et dressés, on les mesure une seconde fois à une échelle graduée de 1/2 pouce en 1/2 pouce, et on les emballe par rangs de grandeur dans des boîtes en fer-blanc de différentes dimensions, contenant de 10 à 12 kilogs de vanille. Ces boîtes ne doivent renfermer ni papier, ni enveloppe d'aucune sorte, qui nuiraient à la bonne conservation des gousses. On les soude et on y colle un numéro d'ordre, indiquant les diverses qualités commerciales.

Ces boîtes sont ensuite renfermées dans des caisses en bois contenant 3 boîtes en fer-blanc, c'est-à-dire 30 à 40 kilogs de vanille. ·

QUALITÉS COMMERCIALES. — La vanille de la Réunion comprend *trois qualités commerciales.*

1° Les vanilles de 0 m. 20 de longueur et au-dessus, couleur chocolat foncé, à épiderme bien lisse, pesant de 0 k. 300 à 0 k. 330 le paquet de 50 gousses.

2° Les gousses légèrement boisées, rougeâtres, plus sèches, mélangées de gousses ouvertes ; poids du paquet : 0 k. 250 à 0 k. 270 (1).

3° Les vanillons, composés de vanilles de dernière longueur et de préparation inférieure ; poids du paquet : 0 k. 070 à 0 k. 150.

Comme on le voit, la préparation de la vanille est une opération longue, minutieuse, exigeant des soins de tous les instants. En résumé, les phases par lesquelles elle passe, avant d'être livrée au commerce, sont au nombre de huit :

Le trempage dans l'eau bouillante, — l'exposition au soleil, — la mise au séchoir et dans les malles en fer-blanc, — le dressage, — le triage, — le mesurage, — l'empaquetage, — l'emballage.

4° MODIFICATIONS A APPORTER
AU PROCÉDÉ ACTUELLEMENT SUIVI DANS LA COLONIE

La méthode de préparation que nous venons de décrire, exécutée par des mains habiles, donne des produits vraiment supérieurs et qui rivalisent avec ceux du Mexique. Aussi n'avons-nous nullement l'intention de la critiquer ; nous ne voulons que proposer quelques modifications de détail, qui peuvent avoir leur importance.

(1) La coloration noire n'est pas toujours un indice de bonne préparation. — On a remarqué que les vanilles, cueillies avant maturité et mal préparées, présentaient cette coloration de préférence à toute autre, tandis que certains préparateurs consciencieux et de marque connue, fabriquaient des vanilles de couleur rougeâtre et de consistance sèche, mais d'une conservation parfaite et d'un arôme délicieux.
(Note de l'auteur.)

Quelques personnes ont essayé de se passer de l'eau bouillante et n'ont eu recours qu'à la chaleur du soleil. Elles plaçaient leurs vanilles dans des couvertures de laine noire, sur des tables, et les laissaient huit ou dix jours consécutifs exposées à ses rayons. Non seulement la vanille ne s'était pas fendue, mais au bout de ce court laps de temps, elle était complètement préparée, bonne à mettre en boîte et à être expédiée. Ce procédé rapide que nous n'avons pas eu occasion de voir mettre en pratique, mais qui nous a été décrit par un des meilleurs préparateurs de vanille de la colonie, nous semble difficile à exécuter d'une manière suivie, par la raison qu'à l'époque où la vanille se prépare, c'est-à-dire de juin à septembre, le soleil est généralement peu intense et souvent voilé par des nuages. Par conséquent, s'il a réussi une fois, il ne pourrait guère être proposé comme pouvant remplacer la méthode ordinaire.

Cependant, on peut jusqu'à un certain point se servir du soleil, au lieu d'eau bouillante, mais en faisant usage d'un moyen qui peut augmenter l'intensité de ses rayons. Pour cela, il suffit d'employer des tables métalliques ou recouvertes de feuilles de fer-blanc et d'y placer les vanilles, comme d'habitude, entre leurs deux couvertures de laine noire. La chaleur solaire sera concentrée par la surface métallique, et les gousses pourront recevoir, dès le premier jour, ce *coup de chaleur* qui leur est indispensable pour arrêter la sève et les empêcher de s'ouvrir. D'après des expériences faites à l'aide de thermomètres, on évalue à 50°, au minimum, le degré de température qu'on parvient à obtenir à l'aide de ce procédé.

Mais tout cela n'est qu'un palliatif qui devient illusoire lorsque le soleil, caché par les nuages, donne une chaleur insuffisante, ou lorsque des pluies et des grains empêchent de se servir de ses rayons bienfaisants. Il faut donc avoir sous la main un moyen facile et pratique de s'en passer et de les remplacer au besoin. Car, même en employant l'eau bouillante, il faut toujours avoir recours à l'exposition au soleil pendant près de huit jours, et les préparateurs de vanille savent, par expérience, combien cet astre leur est infidèle. Pour obvier à cet inconvénient, nous n'avons trouvé rien de mieux qu'une étuve à étagères, construite dans le genre des séchoirs à vanille, et munie d'une longue table garnie de couvertures de laine. La chaleur artificielle de 50° à 60°, qu'il est nécessaire de produire pour se placer dans les conditions équivalentes à celles que donne la chaleur solaire, pourrait être obtenue à l'aide d'un poële, d'un calorifère ou de plusieurs lampes à pétrole qui seraient suspendues à la voûte du petit local. Un thermomètre réglerait le degré de température auquel on devrait s'arrêter. Tout le monde sait combien les lampes, en brûlant, produisent une sensible élévation de température dans les appartements fermés. Il est donc certain que deux ou trois lampes allumées dans un local de quelques mètres carrés l'échaufferaient bien vite au degré désirable.

Les lampes ne seraient allumées, chaque jour, que de neuf heures du matin à trois heures de l'après-midi. Les vanilles, ramassées dans leurs couvertures, conserveraient une chaleur d'au moins 30° pendant la nuit, et le lendemain elles seraient de nouveau soumises à leur chaleur de 50°, jusqu'à ce qu'elles soient arrivées au point voulu pour être portées au séchoir. Nous conseillons cette petite étuve pour les jours où le soleil serait peu chaud ou complètement invisible. Il est si facile de le remplacer, ces jours-là, par une chaleur artificielle obtenue dans les conditions dont nous venons de parler, que le préparateur aura tout intérêt à disposer un local muni de ces appareils si peu coûteux et si aisés à régler.

Pour nous résumer, nous dirons :

1° Que le procédé à l'eau bouillante et le procédé mexicain nous paraissent être supérieurs à toutes les autres méthodes expérimentées jusqu'à ce jour;

2° Que la chaleur artificielle de 50 à 60° dans une étuve, au moyen de lampes à pétrole ou d'un poële, peut être utilisée, pour la préparation de la vanille, toutes les fois que le soleil vient à faire défaut.

Quant aux tentatives qui ont été faites, ces temps derniers, pour préparer les vanilles à la vapeur de l'eau bouillante, procédé qui exige entre 12 et 24 heures d'exposition au-dessus d'une chaudière maintenue à la température de l'ébullition, nous les considérons comme étant d'un emploi peu pratique.

En décrivant les procédés de préparation usités en Amérique, nous avons été frappé de voir que tous comportent l'emploi d'une huile destinée à enduire les gousses pour les empêcher de se dessécher. Ici, on a cru pouvoir se passer de cette pratique; c'est peut-être un tort. Il y aurait sans doute avantage à frictionner les gousses, avant de les mettre en paquet, avec l'huile grasse et balsamique qui s'écoule des fruits de vanille qu'on laisse mûrir naturellement à l'ombre. Il suffirait de suspendre un certain nombre de gousses mûres, cueillies fendues, à une corde tendue dans le séchoir et d'en recueillir avec le doigt les gouttelettes d'huiles qui suintent à l'extrémité de la gousse, qu'on aurait le soin d'entourer d'un lien pour la serrer de temps à autre. Il est certain que, traitées de cette façon, les vanilles seraient plus onctueuses, plus odorantes et se dessécheraient moins promptement.

PRODUCTION ET PRIX DE LA VANILLE A LA RÉUNION ET DANS D'AUTRES COLONIES

La production moyenne annuelle de la Réunion est à peu près de 15.000 kilogs. Plusieurs fois elle a atteint et même dépassé 30.000 kilogs de vanille sèche et préparée.

Maurice produit aujourd'hui presque autant que la Réunion. Madagascar, les Seychelles, la Guyane, les Antilles, Taïti, produisent fort peu de chose en comparaison de ces deux colonies. Le Mexique doit approcher, à lui seul, de la récolte faite sur tous les autres points producteurs.

Les prix varient entre 30 et 200 fr. le kilog. suivant l'abondance ou la rareté de la vanille sur les marchés européens. Depuis quelques années le prix moyen oscille entre 50 et 70 fr.

Cette culture qui se fait généralement sur une petite échelle, bien que les grandes vanilleries ne soient pas rares à la Réunion, et qui exige peu de capitaux, jette chaque année, dans cette dernière colonie, 1 à 2 millions entre les mains des petits propriétaires et de la population pauvre des villes et des campagnes. On cite de nombreuses fortunes faites rapidement à l'époque où la vanille se vendait à des prix excessifs.

CHAPITRE IV

Composition chimique de la gousse de vanille. — Principe
odorant : givre ou vanilline. — Analyse des cendres de
vanille. — Epuisement du sol à la suite de la culture
de la vanille.

1° COMPOSITION CHIMIQUE DE LA GOUSSE. — PRINCIPE ODORANT.

Le fruit de la vanille, soit qu'il ait mûri naturellement, soit
qu'il ait subi une préparation artificielle, se pénètre d'une
odeur exquise qui le fait rechercher partout comme un des
arômes les plus délicats que puisse fournir le règne végétal.
On cite quelques plantes dont les fleurs et les fruits rappellent
plus ou moins l'odeur de la vanille ; telles sont : le *potos odo-
ratissima*, l'*heliotropum peruvianum*, l'*eriobotrya japonica*,
l'*allium fragrans*, le *capparis spinosa*, le *cestrum vesper-
tinum*, la *fève tonka* et la *gousse de faham*. Mais tous ces
parfums sont fugaces et ne pourraient être recueillis pour
servir aux mêmes usages que la vanille.

La gousse, à l'état vert, se compose essentiellement de deux
parties : un épiderme épais contenant une pulpe acide et caus-
tique, et une huile de couleur jaune citron entourant les
graines et leurs funicules. Cette huile, isolée au moyen de
l'éther, possède une faible odeur de vanille. Quand la maturation du fruit commence à se produire, l'extrémité inférieure
jaunit la première et déjà se dégage une odeur caractéristique
et pénétrante qui se rapproche beaucoup de celle de l'essence
d'amandes amères (hydrure de benzoïle) et de l'acide cinnamique.

Les deux valves du fruit s'entr'ouvrent ensuite et laissent
exsuder un peu d'huile balsamique. Mais peu à peu la couleur
de l'épiderme se fonce, la pulpe se ramollit, l'odeur se dégage
plus franche et plus suave, et, à mesure que la fermentation
gagne de nouvelles zônes, la proportion d'huile balsamique aug-
mente et celle-ci tombe par gouttelettes rougeâtres et épaisses.

Cette huile, fixe et colorée, porte le nom de *baume de vanille*. Elle est recueillie au Pérou avec le plus grand soin et sert aux mêmes usages que la vanille.

Ainsi la maturation du fruit se fait lentement de bas en haut, et n'atteint guère l'extrémité supérieure qu'au bout d'un mois. Que se passe-t-il dans l'intérieur de la gousse ? Quelle réaction mystérieuse s'opère sous l'influence de l'air et des chauds rayons du soleil ? C'est là encore une de ces admirables combinaisons dont la science ne nous a pas révélé le secret.

On croit que le parfum de la vanille est localisé au centre du fruit et qu'il occupe la région qui avoisine les graines et le placenta. Cette opinion est vraisemblable. On a trouvé souvent, en effet, dans les locaux où l'on dépose la vanille verte, des fruits rongés par les rats jusqu'aux graines, et cette portion dégageait, dépouillée de toute enveloppe, une odeur analogue à celle de la vanille. Nous pensons, néanmoins, que toutes les parties du fruit concourent à la formation du principe odorant ; elles subissent des modifications trop profondes pour ne pas jouer un rôle accusé dans son élaboration.

Dans la préparation artificielle, on cherche à obtenir promptement un commencement de maturité uniformément répandu sur la gousse tout entière. On force la gousse à mûrir partout à la fois et l'on concentre tout son parfum à l'intérieur en l'empêchant de s'ouvrir. Mais dans les vanilles préparées artificiellement on n'obtient jamais la finesse et la suavité de parfum des gousses mûries naturellement sur pied. Ce n'est qu'au bout de plusieurs mois que la vanille préparée artificiellement perd son odeur désagréable de *pruneau cuit ;* et encore faut-il toujours une certaine élévation de température pour que son arôme se dégage. Il est vrai de dire que cette vanille conserve ses propriétés odorantes plus longtemps que la vanille non préparée. C'est pour cette raison que le commerce repousse toutes les vanilles fendues et ouvertes.

Quelques mois après leur préparation, les gousses de vanille se recouvrent de cristaux brillants désignés sous le nom de *givre*. Ce givre affecte trois formes bien distinctes. Tantôt ce sont des *paillettes* plus ou moins larges, minces et transparentes ; tantôt ce sont des *aiguilles prismatiques* brillantes et enchevêtrées. Cette forme de givre est spéciale aux vanilles d'excellente qualité ; tantôt enfin le givre prend l'aspect *coton-*

neux, qui le fait rassembler à de la moisissure. Le commerce déprécie les vanilles qui offrent cette particularité.

La nature de ces cristaux est restée longtemps inconnue. Ils ont d'abord été considérés comme de l'acide *benzoïque* ou *cinnamique*. M. Gobley les a regardés comme le principe aromatique de la vanille, auquel il a donné le nom de *vanilline*. Voici comment il opérait pour les obtenir : il traitait des gousses de vanille de 1ʳᵉ qualité par de l'alcool à 85° et laissait macérer le tout pendant 15 jours. Le liquide filtré était évaporé au bain-marie et la masse extractive introduite dans un flacon avec la quantité d'eau nécessaire pour lui donner une consistance sirupeuse. Il épuisait ensuite par l'éther jusqu'à ce que le liquide fût incolore. Après évaporation du liquide, il obtenait une substance brune et très odorante qui, reprise par de l'eau bouillante et traitée par le charbon animal, laissait déposer, par évaporation, des cristaux doués d'une odeur aromatique très forte, d'une saveur chaude et piquante, sans action sur le papier de tournesol, et ayant pour formule : $C^{10} H^6 O^4$.

Stokkeby considéra les cristaux naturels de la vanille comme un acide et détermina leur point de fusion à 86°, quand Gobley n'avait trouvé que 76°.

Le chimiste français Carles, en présence de toutes ces opinions si contracdictoires, pensa que ces différents auteurs n'avaient pas obtenu et étudié la même substance. Il prépara donc les cristaux de vanille en se contentant de purifier ceux qu'il avait recueillis sur des gousses givrées. Après les avoir dissous dans l'eau chaude et fait cristalliser à deux ou trois reprises, il obtint des cristaux incolores de deux centimètres de longueur, d'un goût piquant, dont le point de fusion était entre 80° et 81°. Ces cristaux se volatilisent sans décomposition dans une capsule de platine, se subliment dans un tube fermé ; ils sont solubles à froid dans l'alcool, l'éther, le chloroforme, le sulfure de carbone, les huiles et l'eau bouillante.

Ils ont une réaction acide et décomposent les bicarbonates alcalins avec effervescence ; ils saturent les bases.

Avec de l'acide sulfurique contenant de l'acide nitrique, ils se colorent en *rouge* comme la brucine.

Avec les persels de fer, ils se colorent en *bleu ;* l'acide nitrique les transforme en acide oxalique.

M. Carles assigne à ces cristaux la composition suivante : $C^{16} H^8 O^6$.

La vanilline naturelle peut être dosée dans les vanilles du commerce par un procédé dû à MM. Tiemann et Haarman ; on prend 30 à 50 grammes de vanille finement divisée que l'on introduit dans un flacon bouché à l'émeri, de grandes dimensions, avec un litre ou un litre et demi d'éther. On laisse macérer le mélange pendant sept ou huit heures en l'agitant de temps en temps. On sépare le liquide que l'on remplace par une nouvelle dose d'éther (800 à 1000 centimètres cubes), puis, après décantation, par une troisième (500 à 600 centim. cubes). Autrement dit, on épuise complètement la vanille par l'éther. Le liquide obtenu ayant été évaporé au bain-marie jusqu'à ce que son volume ait été ramené à 150 ou 200 centimètres cubes, on agite le résidu dans un flacon bien bouché avec 100 centimètres cubes d'hydrosulfite de soude saturé et 100 centimètres cubes d'eau. Au moyen d'un entonnoir à robinet, on sépare alors l'éther de la liqueur aqueuse, on l'agite de nouveau avec 1/2 dose d'hydrosulfite et l'on sépare encore une fois les deux liquides. Les solutions sodiques réunies sont dépouillées de certaines impuretés par de l'éther pur, décantées une dernière fois, puis enfin décomposées par de l'acide sulfurique dilué. L'acide sulfureux étant chassé du mélange par un courant de vapeur d'eau et le produit étant refroidi, on traite par 500 centimètres cubes d'éther qui dissout toute la vanilline. En évaporant la solution, on obtient comme résidu la vanilline que l'on pèse.

Par cette méthode, les auteurs ont analysé diverses vanilles du commerce et ont obtenu les résultats suivants :

Vanille du Mexique.............. 1,69 °/₀ de vanilline
Vanille de Bourbon.............. 1,48   id.
Vanille de Java................. 2,75   id.

La vanilline préexiste dans la vanille mûre ; elle ne fait que se cristalliser à la surface quand la vanille est placée dans des conditions favorables à son développement, et ces conditions sont : une température de 25 à 30° et une boîte métallique hermétiquement fermée.

La vanilline a été obtenue artificiellement en 1874 par les mêmes chimistes allemands au moyen de la *coniférine*, glucoside retirée du *Larix Europœa* et de l'*Abies excelsa, pectinata*, etc.

Cette coniférine se prépare en râpant l'écorce fraîche de ces arbres, qu'on soumet ensuite à la presse. Le jus bouilli est filtré pour en séparer l'albumine. Après évaporation, il se forme des cristaux qui, décolorés par le charbon animal et recristallisés, donnent la coniférine pure.

Pour préparer la vanilline, on verse la solution aqueuse de coniférine dans un mélange chaud de bichromate de potasse et d'acide sulfurique. On chauffe le tout, pendant quelques heures, dans un flacon muni d'un condenseur. Après refroidissement, les liqueurs condensées sont filtrées pour en séparer les matières résineuses. On additionne ensuite d'éther, lequel, après évaporation, laisse une huile jaunâtre qui, au bout de quelques jours, donne des cristaux très fins à odeur de vanille.

Sa formule serait représentée par $C^8 H^8 O^3$ ou $C^{16} H^{16} O^6$.

La vanilline possède les propriétés d'un aldéhyde, et M. Tiemann a préparé l'acide vanillique en oxydant la coniférine ou en laissant exposer à l'air humide de la vanilline. Inversement, la transformation de l'acide vanillique en vanilline a pu être effectuée en distillant par petites portions 2 à 3 grammes d'un mélange de vanillate et de formiate de chaux. Le liquide qui distille est traité par du bi-sulfite de soude, qui reproduit la vanilline.

Enfin, en faisant agir l'hydrogène naissant sur la vanilline, c'est-à-dire en réduisant l'aldéhyde, on a obtenu l'*hydrovanilloine*, dont les eaux-mères ont cédé à l'éther un nouveau produit que M. Tiemann considère comme étant l'alcool vanillique.

La vanilline peut encore s'extraire du goudron de houille, de l'avoine, etc. Elle se présente sous l'aspect d'une poudre jaunâtre possédant tout à fait l'odeur de la vanille naturelle. Ce produit industriel n'a pu encore détrôner la vanille naturelle; il n'a pas été obtenu à un assez bas prix pour pouvoir lutter victorieusement contre elle.

2° ANALYSE ET COMPOSITION DES CENDRES DE VANILLE

ANALYSE DES CENDRES DE LA TIGE. — La tige et les feuilles de vanille, d'après l'analyse que nous avons faite, renferment :

```
Eau .................................    90.00
Ligneux..............................     8.83
Cendres (sels minéraux) ..............    1.17
                                        _____
                                         100.00
```

Les cendres sont extrêmement riches en sels alcalins. Ces derniers, en effet, entrent pour 53.39 0/0 dans leur composition, et les sels terreux pour 46.61.

Leur analyse peut se formuler ainsi :

Sels alcalins 53.39	Carbonate de potasse.....	43.74
	Chlorures de potassium et de sodium.............	7.37
	Sulfate de potasse........	2.28
Sels terreux 46.61	Phosphate de chaux.	12.33
	Oxyde de fer et alumine..	1.71
	Sels de chaux et magnésie.	31.67
	Silice et perte	0.90

100.00

ANALYSE DES CENDRES DE LA GOUSSE. — L'analyse de la gousse mûre nous a donné les résultats suivants :

100 de gousse en poids donnent 7.22 de cendres.
100 parties de cendres renferment :

```
Sels alcalins (dont 31 0/0 de potasse).....   75.00
Phosphate de chaux, alumine et fer ......   14.40
Sels de chaux et de magnésie ...........    7.60
Silice ...............................    3.00
                                         _____
                                          100.00
```

Ce qui nous frappe le plus dans la composition analytique de ces cendres, c'est leur analogie presque complète avec celle des *cendres du bananier*, du moins en ce qui se rapporte aux sels alcalins. En effet les cendres de bananier ont pour composition :

```
Sels alcalins ...........................   75.00
Phosphate de chaux, etc..................    9.30
Sels de chaux et magnésie ...............   10.77
Silice...................................    4.93
                                         _____
                                          100.00
```

Aussi avons-nous pensé que le terreau de bananier ou les cendres de ce végétal pourraient devenir un excellent engrais pour la vanille, puisque celle-ci trouverait, dans les principes constituants de cette plante, des éléments de même nature et tout aussi riches en sels alcalins.

La proportion assez élevée de chlorures, que nous avons constatée dans les cendres de la vanille, nous suggère en outre l'idée que les chlorures jouent un rôle actif dans le développement de la plante. Aublet n'a-t-il pas avancé que les plus belles vanilles de la Guyane se rencontraient au bord des criques, dans les terrains saumâtres et baignés d'eau salée? Ce fait est entièrement conforme aux données de l'analyse qui démontre que la vanille a besoin de s'assimiler des chlorures. Dès lors, il peut se faire qu'une addition de sel marin aux composts destinés à servir d'engrais aux vanilles, devienne une excellente mesure et favorise la végétation des lianes qui ne rencontrent peut-être pas, dans tous les terrains de la Réunion, la proportion de chlorures qui leur est nécessaire. Il ne faut pas perdre de vue que l'absence, dans le sol, d'un seul des éléments dont les végétaux se nourrissent, suffit pour enrayer son développement et lui imprimer un cachet de débilité.

3° ÉPUISEMENT DU SOL PRODUIT PAR LA CULTURE DE LA VANILLE

La connaissance de la proportion des principes alcalins et terreux, qui entrent dans la composition des cendres de vanille, va nous permettre de calculer approximativement la perte que la culture de cette plante fait subir au sol, et nous amener à pouvoir formuler cette conclusion : c'est que la vanille est, de toutes les plantes qui se cultivent aux colonies, une des plus épuisantes.

Pour arriver à ce résultat, prenons, pour faciliter nos calculs, une vanillerie âgée de sept ans, qui aurait produit pendant quatre ans et qu'on aurait ensuite arrachée pour la renouveler. De plus, acceptons comme point de départ :

Que chaque pied de vanillier, arrivé à son summum de développement, pèse à peu près 50 kilog.;

Qu'une gaulette (1) de terre renferme 12 plants de vanille et un hectare environ 5.000 ;

Qu'enfin, une gaulette donne comme produit net, chaque année, 1 kilog. de gousses préparées.

Ces principes une fois posés, et faisant application des données de nos analyses précédentes, nous trouverons qu'au bout de la septième année, une vanillerie aura enlevé au sol, par hectare :

Potasse.................................... 932 k.
Phosphates, sels de chaux et de magnésie... 1.350

Dans la même période de temps la canne à sucre n'aurait pris à la terre que :

Potasse............... .... 672 k.
Phosphates, chaux et magnésie 700

C'est donc près de la moitié en plus d'éléments assimilables que la vanille puise dans le sol sur lequel elle est plantée. Or, comme on ne fume généralement les vanilleries qu'avec de l'humus, qui renferme peu de sels alcalins, on voit de suite combien certaines vanilleries cultivées sur le même sol pendant vingt années consécutives, ont dû l'appauvrir et le rendre impropre pour longtemps à l'entretien d'une vanillerie nouvelle.

(1) Une gaulette mesure 25 mètres carrés.
Un hectare renferme 421 gaulettes.

CHAPITRE V

Maladie de la vanille. — Falsifications. — Usages.

1° MALADIE DE LA VANILLE

La vanille est atteinte, depuis plusieurs années, d'une sin-
gulière maladie qui a été étudiée pour la première fois, en
1871, à la Réunion, par le D' Jacob de Cordemoy et
M. A. Conte, pharmacien très distingué de cette colonie.

Cette maladie se manifeste sous deux aspects bien différents.
Tantôt elle apparaît brusquement et débute par les racines et
le bas de la tige qui pourrissent les premières et entraînent la
putréfaction de toute la plante. On voit de magnifiques vanilleries, offrant quelques jours auparavant l'apparence de la
vigueur et de la santé, disparaître dans l'espace d'un mois.
Cette putréfaction se montre quelquefois sur un mérithale
isolé, en certains endroits de la tige, les autres parties restant
vertes pendant un certain temps. Tantôt la maladie suit une
marche lente et insidieuse; la liane entière se décolore et
passe au jaune verdâtre; les feuilles deviennent molles, gri-
sâtres et flasques; la tige se flétrit; les suçoirs et les racines
aériennes se dessèchent et la plante tout entière, atrophiée et
racornie, finit par périr.

A quelles causes est-il possible d'attribuer cette maladie?
Est-ce à un insecte, à un champignon, à l'épuisement de la
plante et du sol ou à des méthodes vicieuses de culture et de
fécondation de la plante?

Toutes ces raisons peuvent être certainement invoquées
pour expliquer la maladie de la vanille. Ainsi, il est bien probable que le dépérissement rapide des vanilleries et leur putréfaction sont dus à une invasion cryptogamique ou parasitaire.
Nous avons bien souvent constaté, sur le tissu décoloré de la
plante malade, un réseau grisâtre qui, au microscope, avait
tous les caractères d'un champignon. M. le docteur Jacob de
Cordemoy émet l'idée que la maladie a pour origine l'introduction d'un vibrion dans les tissus de la vanille.

Pour l'auteur de cette ingénieuse théorie, le sol des vanilleries malades serait un réceptacle d'animalcules microscopiques, qui pénétreraient dans les boutures de vanilles par les
plaies vives provenant des sections opérées sur les tiges
mères pour les en détacher. Cette manière de voir explique-
rait, d'après lui, ce phénomène curieux qui a été observé cent
fois dans la pratique, c'est que de nouvelles plantations de
vanilles faites sur un terrain où les vanilles ont déjà péri de
maladie, *succombent infailliblement* à leur tour. Il faudrait
donc supposer que la vanille malade laisse dans la terre où
elle a vécu un principe morbide qui deviendrait un poison
pour les boutures qu'on vient y placer plus tard. Quelques
analyses de terres de *vanilleries malades* ont été faites par
nos soins ; nous y avons trouvé des débris de raphides en
aiguilles, mais aucun des vibrions dont le docteur Jacob a
donné la description, et qui semblent n'être autre chose que le
bacterium putredinis.

La présence de ce vibrion serait plutôt due à l'état de pourriture dans lequel se trouve la plante, à un degré avancé de
maladie, à moins qu'on ne suppose que le tissu de la vanille
engendrerait, à un certain état de dégénérescence, le germe
organisé qui devrait lui donner la mort. Dans ce dernier cas,
il faudrait adopter la séduisante conception de MM. Béchamp
et Estor qui prétendent, mais sans l'avoir suffisamment démon-
tré, que les granulations moléculaires des végétaux et des
animaux qu'ils désignent sous le nom de *microzymas*, peuvent, dans certaines conditions de milieu, évoluer en bactéries.
« L'être vivant, disent ces professeurs, *rempli de microzy-*
« *mas*, porte en lui-même, avec ces microphytes-ferments, les
« éléments essentiels de la vie, de la maladie et de la mort. »

Nos investigations se sont bien souvent portées sur les
racines des vanilles malades. Nous les avons vues presque
toujours attaquées par des *bulimes* de très minime taille, de
petits *escargots*, des *loches*, dont la dent grignotait la portion
cellulaire, mais sans causer de ravages assez sérieux pour
faire périr la plante. Fréquemment, les racines malades nous
apparaissaient complètement vides de leur tissu cellulaire ; il ne
restait que l'épiderme et le tissu fibreux central. Beaucoup
d'insectes ressemblant aux pucerons semblaient se nourrir
aux dépens de ces organes. Mais leur nombre ne nous a

jamais paru assez considérable pour expliquer la brusque dis-
parition des vanilleries. On a encore invoqué le défaut de
drainage du sol qui provoquait la pourriture des racines. Cependant, comme la maladie s'est développée sur tous les
points, drainés ou non, c'est encore une explication à aban-
donner.

En ce qui concerne la seconde manifestation de la maladie,
nous sommes plus à notre aise pour la traiter et nous pensons
qu'elle provient certainement de l'*épuisement de la plante et
du sol*, à la suite de l'emploi des méthodes vicieuses de culture
et de fécondation. Cette interprétation satisfait mieux l'esprit
et rattache le phénomène que nous étudions aux grandes lois
qui régissent l'agriculture moderne, et dont on ne peut s'écar-
ter sans péril.

Nous ignorons dans quel but la nature avait imposé à la
vanille une fécondation très limitée, puisqu'elle ne pouvait être
le fait que du hasard ou du passage d'un insecte. Mais, dans
son état normal, elle était destinée à ne produire que très peu
de fruits. Il est clair que l'homme n'a pu changer, pour la sa-
tisfaction de ses besoins, les conditions physiologiques de cette
plante sans que celle-ci en souffrît et ne s'épuisât à la longue.
Que demandait-on, en effet, à chaque pied de vanille, lorsque
la fécondation artificielle fut découverte ? — Plusieurs kilo-
grammes de gousses ! Et on la soumettait à un tel régime sans
donner à la plante autre chose qu'un maigre terreau de feuilles
et sans prendre la précaution de ne créer de nouvelles vanilleries qu'avec des boutures provenant de sujets sains, vigoureux et n'ayant jamais été fécondés. — Pendant trente ans,
les plantations se firent sur le même sol, avec des boutures
prises sur des sujets *surmenés*. Serait-il étonnant qu'une méthode aussi barbare eût produit des résultats déplorables, au
bout d'un temps plus ou moins long ?

Et la preuve que l'épuisement et la mauvaise culture sont
les principales causes de la maladie *lente* de la vanille, c'est
que, dans la plupart des essais qui en ont été faits, des vanilles
sur le point de dépérir reprenaient rapidement un air de santé
quand on mettait à leurs pieds une bonne couche de fumier
d'écurie, même à l'état vert: nous avons été bien des fois
témoin de ce fait.

L'époque la plus critique pour les vanilleries est la floraison et la fructification. Sans addition de fumier ou d'un bon engrais, la plupart des lianes, ne pouvant supporter cette secousse physiologique, attendent ce moment pour périr. Avec des soins et des engrais énergiques on leur fait franchir ce moment périlleux, et l'on diminue considérablement la mortalité. D'un autre côté, la fécondation artificielle telle qu'elle est actuellement opérée n'est-elle pas une cause permanente de dégénérescence pour la plante ? Ch. Darwin a remarqué le premier que le vanillier ne fructifiait spontanément que dans sa patrie et que partout ailleurs on était obligé de procéder à la fécondation artificielle, sans doute parce que l'insecte qui se charge à coup sûr de sa fécondation n'a pas accompagné la plante dans sa nouvelle patrie. L'insecte ne procède point comme l'homme ; lorsque le petit messager aborde une fleur de vanillier pour en pomper le miel, il lui apporte en échange, collé malgré lui sur son corps, le pollen gluant d'une autre fleur de vanillier sur laquelle il a été déjà butiner. C'est donc un pollen d'une autre fleur qu'il apporte au stigmate de celle qu'il visite et qui sert à opérer la fécondation. L'homme, lui, opère toujours la fécondation de *soi* par *soi* réprouvée par la science, tandis que l'insecte opère inconsciemment la fécondation *d'une fleur par une autre fleur*, ce qui doit assurer le croisement favorable à la beauté et à la vigueur des produits.

De là une nouvelle méthode qui pourrait être suivie par les planteurs et qui consisterait à prendre, soit avec la pointe d'un canif, soit avec l'extrémité d'un pinceau trempé dans de l'eau gommée, le pollen d'une fleur pour le porter sur le stigmate d'une autre.

Cette opération pourrait se faire soit entre les fleurs de la même liane, soit, ce qui serait préférable, entre les fleurs de deux lianes voisines.

Les gousses qui mûriraient à la suite de cette opération seraient certainement plus grosses et plus parfumées. Cette idée ingénieuse a été préconisée par un des hommes les plus instruits et les plus modestes que la colonie de la Réunion s'honore de posséder, M. Ch. Frappier, qui s'est occupé toute sa vie de l'étude des Orchidées.

D'autres moyens ont été proposés pour arrêter ou combattre la maladie des vanilles et ont donné des résultats plus ou moins bons.

Des *incisions* longitudinales sur la tige ont produit de bons effets. C'est une véritable saignée faite à la liane malade.

Le *provignage*, opéré au moment où la tige souffre d'un défaut d'alimentation, a été également employé avec succès.

La *taille*, qui consiste à couper le rameau qui a porté fruit pour faire sortir de nouveaux bourgeons florifères, est une pratique qui tend à se généraliser. Sur une liane de vanille qu'on laisse librement se développer, les fleurs n'apparaissent que sur une portion nouvelle de la liane poussée dans l'année. Toute la partie qui a donné des fruits, l'année précédente, devient inutile. Pourquoi la conserver alors, puisqu'elle exige des racines sa part d'alimentation sans aucun profit ? — Aussi est-il rationnel de l'amputer. C'est M. Potier, directeur du jardin colonial à la Réunion, qui a émis cette excellente idée, ainsi que celle relative à la pratique des engrais énergiques renouvelés deux fois par an.

Enfin, tout le monde est convaincu aujourd'hui qu'on ne doit faire de nouvelles plantations que sur des terrains où la maladie des vanilles ne s'est jamais manifestée ; — qu'avec des lianes vierges autant que possible (et la pépinière créée il y a 4 ans au jardin colonial en fournit de grandes quantités aux planteurs) ; — qu'il faut se montrer très réservé dans la fécondation des fleurs, de façon à obtenir des fruits en petit nombre, mais de belle dimension ; — et qu'il y a lieu de renouveler de temps en temps nos espèces en nous adressant au Mexique ou aux serres du Muséum.

2° FALSIFICATION DE LA VANILLE

On peut dire que la vanille préparée à la Réunion et expédiée en Europe est pure de toute sophistication. Le seul reproche qu'on puisse faire à certains expéditeurs, c'est celui d'envoyer des vanilles préparées à l'aide de gousses cueillies avant maturité, et qui pourrissent la plupart du temps pendant la traversée. Ces vanilles sont plus noires et plus molles que les autres ; elles n'ont aucun parfum et ne se couvrent jamais de givre.

La vanille qui vient de l'étranger est sujette, au contraire, à des falsifications nombreuses, qui sont généralement très faciles à déceler. Ainsi, il arrive parfois que d'habiles indus-

triels épuisent toute la partie balsamique de la vanille au
moyen de l'alcool, et remplacent l'arôme de la gousse en en-
duisant celle-ci, *intus et extra*, de baume du Pérou, qui offre
à peu près la même odeur, mais dont la valeur commerciale
est infiniment moindre. D'autres remplissent la gousse de sable
et de cassonade, pour lui donner un poids plus considérable.
Les plus adroits saupoudrent les vanilles inférieures de cristaux d'acide benzoïque pour leur donner l'apparence de gousses bien givrées. Mais il faut bien dire que ces manœuvres
coupables trompent rarement un œil exercé et qu'elles tour-
nent le plus souvent à la confusion de leurs auteurs.

3° PROPRIÉTÉS ET USAGES DE LA VANILLE

La vanille a passé longtemps pour un puissant excitant des
organes génésiques, et, à ce titre, elle était classée parmi les
aphrodisiaques. On assurait également qu'ingérée à la dose
de 1 à 2 gr. dans du vin ou du lait, elle relevait les forces
abattues, facilitait la digestion, activait la nutrition et la trans-
piration cutanée. Aujourd'hui on l'emploie rarement comme
médicament ; on la considère plutôt comme un aromate destiné
à flatter le palais et l'odorat des gourmets que comme un agent
thérapeutique.

Pour s'emparer, dans l'industrie, de son principe aromatique, on se sert de l'alcool, des corps gras ou du sucre
Comme il n'existe pas d'essence de vanille, les corps dont
nous venons de parler ne font que s'imprégner de la partie
odorante : la vanilline. L'huile balsamique que contient la
vanille possède la précieuse propriété de s'opposer à la ranci-
dité des corps gras (comme le benjoin et les bourgeons de
peuplier). C'est ce qui fait que son addition au chocolat remplit
le double but de lui donner un suave parfum et de s'opposer
au rancissement du beurre de cacao.

La vanille sert dans la confiserie, la parfumerie et l'éco-
nomie domestique. On l'emploie pour aromatiser les chocolats
et les bonbons fins, les pommades, les crèmes. On en fabrique
des liqueurs délicieuses.

La découverte de la vanilline artificielle pourrait être une
menace pour l'avenir des vanilles. Les inventeurs ont annoncé
que l'industrie pourrait en préparer des quantités assez consi-

dérables pour faire une concurrence redoutable aux vanilles naturelles. Depuis dix ans que la vanilline a été retirée de la sève du pin, ce nouveau produit n'est encore qu'à l'état d'échantillon de laboratoire et ne coûte pas moins de 6 fr. le gramme. Si sa préparation devenait vraiment industrielle, la vanilline artificielle serait principalement employée par la chocolaterie et la parfumerie. Mais il faudrait que le prix de ce produit fût bien minime pour faire une concurrence sérieuse à la vanille dont la production peut être, pour ainsi dire, illimitée.

FAHAM

NOM BOTANIQUE. — Angrœcum fragrans (Dupetit-Thouars, Orchidées d'Afrique).

Var. : *A. minus.*
B. majus.

SYNONYMIE. — Acrobion fragrans (Sprengel).
Aeranthus fragrans (Reicheimbach fils).

NOM VULGAIRE. — Faham, fahon à la Réunion et à Maurice.
Fanave, à Madagascar.

DESCRIPTION BOTANIQUE. — Le faham appartient au genre Angrec, famille des Orchidées.

Il est caractérisé de la manière suivante :

Tiges légèrement aplaties et fléchies en zigzags, avec des gaînes courtes aux entre-nœuds.

Feuilles rubanées, distiques, linéaires, engaînantes à la base, obliquement échancrées au sommet ; elles sont posées verticalement, présentant leur côté plat à la base.

Fleurs solitaires, naissant à l'aisselle des feuilles, d'un blanc pur et très parfumées. Périanthe étalé à 6 divisions libres, presqu'égales entre elles, ovales, aiguës et recourbées en arrière. Le labelle ou tablier est sessible, charnu, cochléaire, acuminé, à limbe entier. L'éperon est droit, pendant, cylindro-conique, plus long que le périanthe.

Gynostème court, tronqué, semi-circulaire ; anthère operculaire à deux loges. — Pollinies au nombre de deux, céracées, obovales, profondément sillonnées en arrière. — Caudicules élastiques, filiformes se réunissant en une bifurcation implantée sur une membrane blanche, translucide, oblongue, laquelle se termine en un rétinacle visqueux.

Fruit capsulaire, en massue, de couleur verte, marqué de 6 côtes et s'ouvrant à la maturité en 3 valves qui laissent

apercevoir au milieu de poils filamenteux jaunâtres une multi-
tude de petites semences microscopiques et ailées.

STATION. — Le Faham est originaire de l'île de la Réunion,
de Maurice. On le rencontre à Madagascar et dans l'Inde. Il
exige, pour se développer, une altitude de 500 à 1.800 mètres.

FLORAISON. — Il fleurit de novembre à mars, pour la première variété, et d'avril à août pour la seconde. Il vit accroché
en faux parasite, par ses racines adventives, sur les vieux
troncs d'arbres, les pierres. Il recherche l'humidité et l'ombre
et se plaît surtout au milieu des détritus végétaux où se forme
de l'humus.

PARTIES USITÉES. — Feuilles et fruits. Ses feuilles, à l'état
frais, ont une odeur agréable qui se perçoit surtout lorsqu'on
les presse entre les doigts ; — elles ont un goût aromatique,
suivi d'un peu d'amertume.

Lorsque les feuilles ont jauni sur la plante ou qu'elles ont
été desséchées artificiellement en les attachant par paquets
dans des appartements bien aérés, elles acquièrent un arôme
beaucoup plus prononcé qui rappelle celui de la *fève tonka*,
du *mélilot* et de la *vanille*.

La gousse après maturité complète, est douée d'une odeur
plus forte et plus délicate. Préparée comme le fruit de la
vanille, au moyen de l'eau bouillante, elle reste entière sans
s'ouvrir et conserve son parfum très longtemps. Elle se présente alors sous l'aspect d'une petite gousse noire, mince,
longue de 5 à 6 centimètres et terminée par une queue grêle.

COMPOSITION DES FEUILLES ET DES FRUITS. — Les feuilles et
les fruits cèdent leur principe aromatique à l'alcool, à l'éther
et à l'eau bouillante : ce dernier liquide leur enlève, en outre,
un principe légèrement amer et une substance mucilagineuse.

M. Gobley, que nous avons déjà cité à l'occasion de ses
recherches sur le principe aromatique de la vanille, a retiré
des feuilles de faham, en leur faisant subir un traitement analogue à celui de l'autre orchidée, un corps cristallisé qui présente à la fois l'odeur aromatique du faham, du mélilot et de
l'amande amère. Il se présente sous la forme de petites ai-

guilles blanches et soyeuses, ou bien de prismes courts terminés par des biseaux. Leur odeur se développe surtout par le frottement entre les doigts ou une légère élévation de température.

Ce principe qui, d'après l'analyse, aurait la composition suivante :

Carbone...................... 76.12
Hydrogène................... 4.12
Oxygène...................... 19.76
100.00

et dont la formule est représentée par $C^{18} H^6 O^4$ serait exactement le même que celui qu'on a déjà extrait de la *fève tonka*, de l'*aspérule odorante*, et du *mélilot :* ce serait en un mot de la *coumarine*.

Cette substance n'a pas encore été recherchée dans les fruits ; mais tout porte à croire que ceux-ci en renferment de plus grandes proportions que les feuilles. Comme il est très difficile même à la Réunion de se procurer, à la fois, une assez grande quantité de gousses pour faire une expérience, celle-ci n'a pas encore pu être tentée jusqu'à présent.

USAGES. — A la suite du déboisement d'une portion des parties élevées de l'Ile, le faham tend à se faire rare ; et, si l'on n'y prend garde, cette plante disparaîtra complètement du Pays quand il serait si facile de la multiplier au moyen de semis de graines.

Les feuilles desséchées du faham sont usitées depuis longtemps en infusion théiforme, soit seules, soit mélangées par moitié avec le thé. On reconnaît au faham des propriétés digestives et pectorales. Les feuilles fumées combattent les crises d'asthme avec avantage. Cette plante a été également vantée pour calmer la toux et les douleurs de poitrine, dissiper les spasmes et l'oppression. Elle agirait à la fois par son arôme, son principe amer et son mucilage.

On emploie les feuilles sous forme d'infusion et de sirop. Elles font aussi la base de certaines préparations usitées en parfumerie.

TABLE GÉNÉRALE DES MATIÈRES

Bar-le-Duc. — Typ. L. PHILIPONA et Cⁱᵉ — 658

Gynostème grossi.

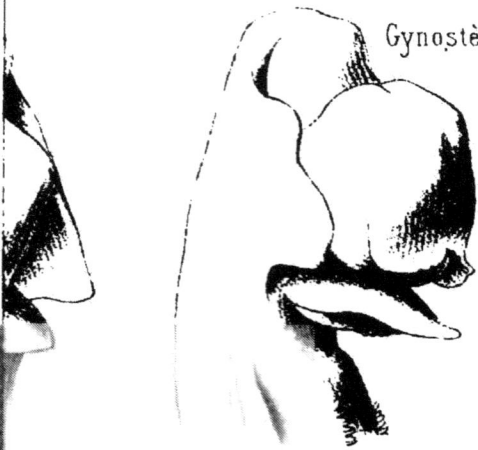

de face. Vus de Profil.

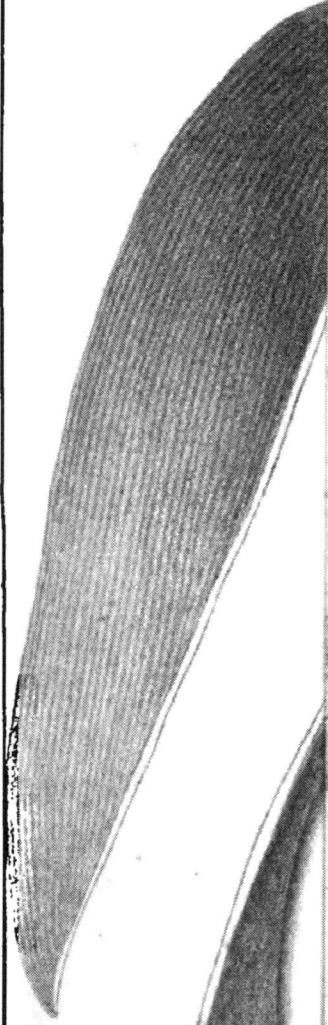

Gousse

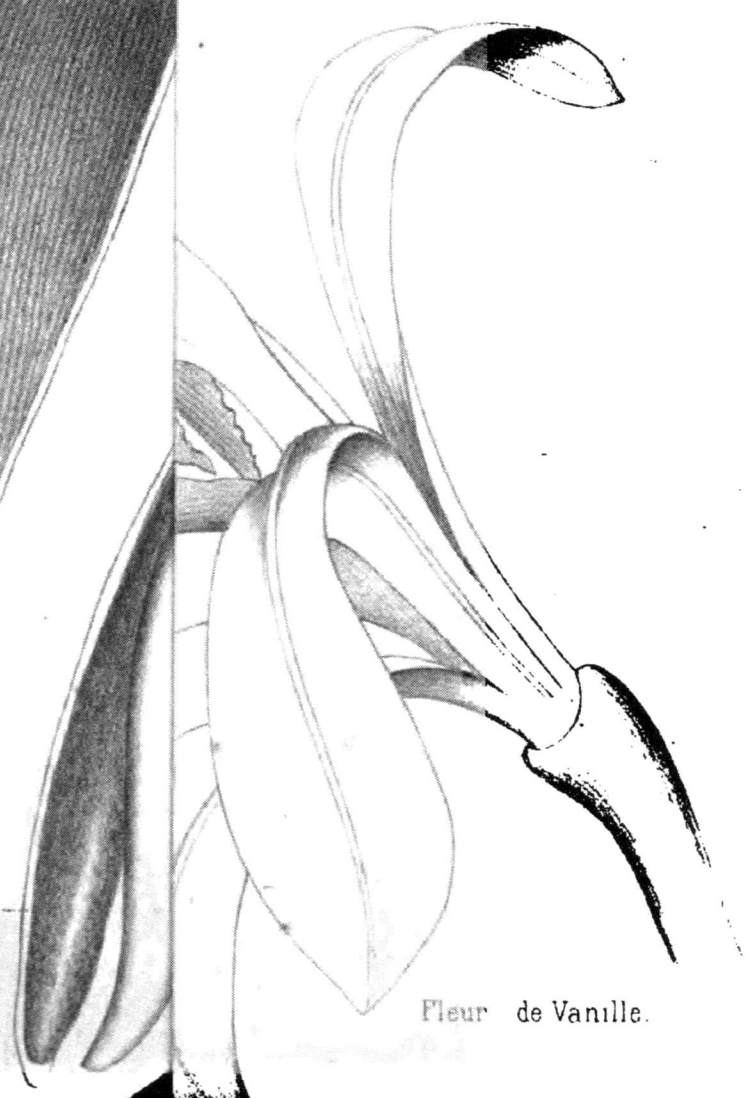

Fleur de Vanille.

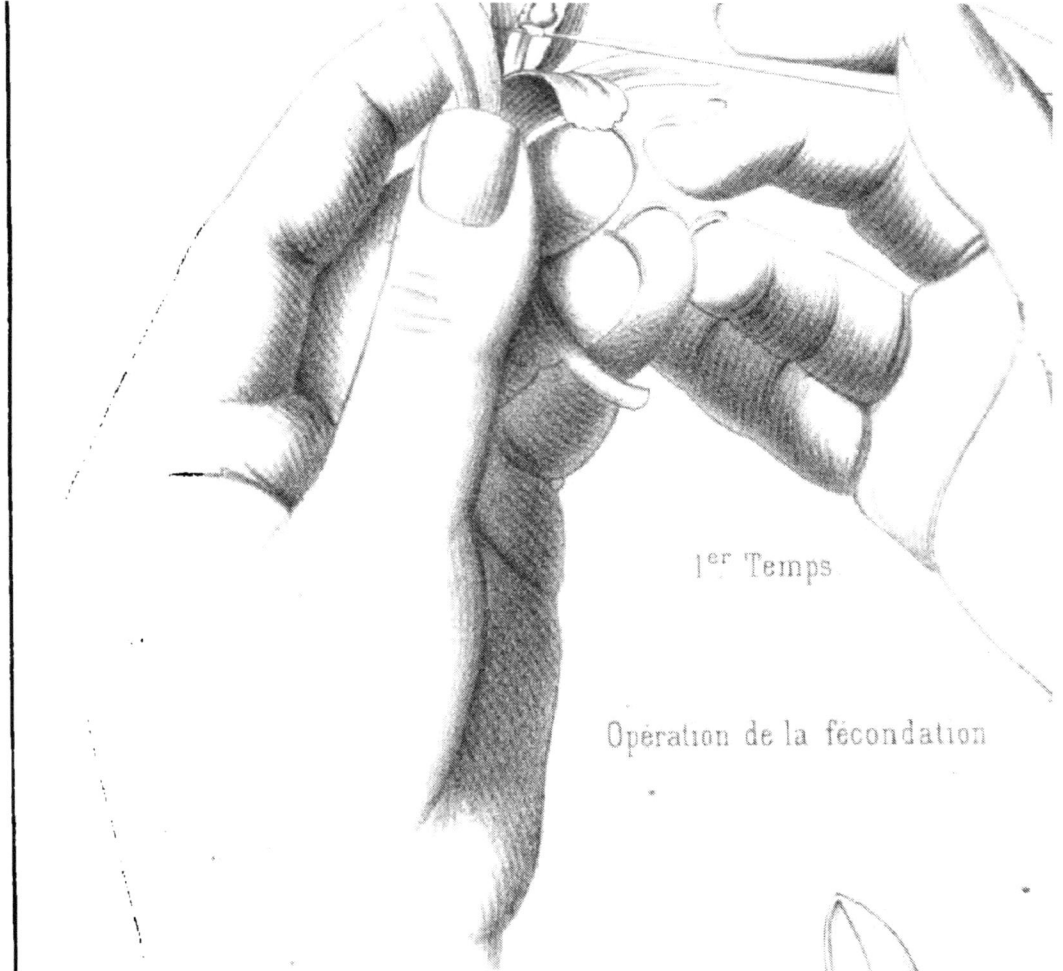

1er Temps

Opération de la fécondation

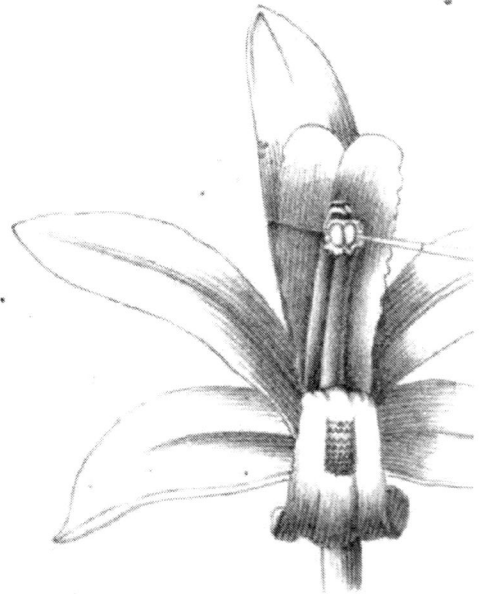

2e Temps.

www.ingramcontent.com/pod-product-compliance
Ingram Content Group UK Ltd.
Pitfield, Milton Keynes, MK11 3LW, UK
UKHW010751270125
454276UK00007B/32